2021

中国房地产统计年鉴

CHINA REAL ESTATE STATISTICS YEARBOOK

国家统计局
固定资产投资统计司 编

中国统计出版社
China Statistics Press

图书在版编目（CIP）数据

中国房地产统计年鉴. 2021 = China Real Estate Statistical Yearbook 2021 / 国家统计局固定资产投资统计司编. -- 北京 : 中国统计出版社, 2021.12
ISBN 978-7-5037-9710-1

Ⅰ. ①中… Ⅱ. ①国… Ⅲ. ①房地产业－统计资料－中国－2021－年鉴 Ⅳ. ①F299.233.5-54

中国版本图书馆 CIP 数据核字(2021)第 231222 号

中国房地产统计年鉴—2021

作　　者/国家统计局固定资产投资统计司
责任编辑/郭　栋
执行编辑/且淑芬
装帧设计/李雪燕
出版发行/中国统计出版社有限公司
通信地址/北京市丰台区西三环南路甲 6 号　邮政编码/100073
发行电话/邮购（010）63376909　书店（010）68783171
网　　址/http://www.zgtjcbs.com/
印　　刷/北京捷迅佳彩印刷有限公司
经　　销/新华书店
开　　本/880mm×1230mm　1/16
字　　数/450 千字
印　　张/15
版　　别/2021 年 12 月第 1 版
版　　次/2021 年 12 月第 1 次印刷
定　　价/380.00 元

编辑委员会

Editorial Board

说　明

《中国房地产统计年鉴—2021》是一部反映中国房地产市场运行状况的统计资料，收集了全国房地产开发企业开发经营统计数据，是全面客观研究和深入量化分析房地产市场的权威工具。

《中国房地产统计年鉴—2021》资料来源于 2020 年全国房地产开发统计报表基层数据。统计范围为有开发经营活动的全部房地产开发经营法单位。本年报分为综合篇和城市篇两大部分。

综合篇主要内容包括：各地区房地产开发企业个数及从业人员情况；各地区房地产开发投资完成情况及到位资金情况；各地区房屋开竣工面积、商品房销售及土地购置情况；各地区房地产开发企业经营收入及资产负债情况等。

为重点反映全国大、中城市房地产开发企业的运行状况，本年鉴单独发布了 35 个重点城市（直辖市、省会城市及计划单列市）的房地产开发统计资料。城市篇的主要内容包括：重点城市房地产开发企业完成投资情况；重点城市商品房销售情况、成套房屋建设情况、商品房待售情况以及房地产企业主要财务指标完成情况等内容。

本年鉴数据使用注意事项：

1. 本年鉴资料来源于房地产开发企业联网直报的基层报表数据库，不包括香港、澳门特别行政区和台湾省数据。

2. 本年鉴资料凡小数点后各项相加不等于总计者，均由于数据四舍五入的缘故。

3. 本年鉴各表中的“空格”表示该项统计数据不足本表最小单位数、数据不详或无该项数据。

4. 本年鉴资料由国家统计局固定资产投资统计司编制并负责解释。

目 录

第一部分　综合篇

第一章　房地产开发企业基本概况

第二章　房地产开发投资及企业到位资金情况

附　录

第一部分　综合篇

第一章　房地产开发企业基本概况

1-1　房地产开发企业主要指标完成情况

指　　标	绝对量		增速	
	2019	2020	2019	2020
一、企业个数（个）	**99544**	**103262**	**1.6**	**3.7**
1.按登记注册类型分				
内资	95691	99150	1.7	3.6
#国有企业	671	1133	-12.5	68.9
#集体企业	230	227	-17.9	-1.3
#有限责任公司	44505	36878	0.2	-17.1
#私营企业	47959	59620	4.2	24.3
港、澳、台投资	2664	2759	-2.0	3.6
外商投资	1189	1353	2.9	13.8
2.按规模分				
大型企业	835	887	14.4	6.2
中型企业	34465	35029	-10.5	1.6
小微企业	64244	67346	9.5	4.8
二、从业人员平均人数（人）	**2937379**	**2901253**	**1.7**	**-1.2**
按规模分				
大型企业	91321	85173	20.1	-6.7
中型企业	1381208	1337469	-10.7	-3.2
小微企业	1464850	1478611	15.6	0.9
三、本年完成投资（亿元）	**132194.26**	**141442.95**	**10.0**	**7.0**
1.按构成分				
建筑安装工程	81962.51	87754.74	8.0	7.1
设备工器具购置	1713.48	1442.94	12.5	-15.8
其他费用	48518.27	52245.27	13.4	7.7
#土地购置费	41675.39	44451.87	14.5	6.7
2.按工程用途分				
住宅	97070.75	104445.73	14.0	7.6
办公楼	6162.60	6494.10	2.8	5.4
商业营业用房	13225.85	13076.06	-6.6	-1.1
其他	15735.07	17427.05	5.8	10.8
四、本年新增固定资产（亿元）	**43009.57**	**42970.47**	**14.8**	**-0.1**
五、本年土地购置面积（万平方米）	**25822.29**	**25536.28**	**-11.9**	**-1.1**

1-1 续表

指 标	绝对量		增速	
	2019	2020	2019	2020
六、本年实际到位资金(亿元)	**178608.59**	**193114.85**	**7.3**	**8.1**
国内贷款	25228.77	26675.94	4.5	5.7
利用外资	175.72	192.00	54.1	9.3
自筹资金	58157.84	63376.65	4.3	9.0
定金及预收款	61358.88	66546.83	10.1	8.5
个人按揭贷款	27281.03	29975.81	15.4	9.9
其他到位资金	6406.34	6347.62	-8.7	-0.9
七、房屋建筑面积(万平方米)				
施工面积	893820.89	926759.19	8.7	3.7
#住宅	627673.42	655557.72	10.1	4.4
竣工面积	95941.53	91218.23	1.6	-4.9
#住宅	68011.11	65910.03	2.2	-3.1
八、商品房销售				
商品房销售面积(万平方米)	171557.87	176086.22	0.1	2.6
#住宅	150144.32	154878.47	1.6	3.2
商品房平均销售价格(元/平方米)	9310	9860	6.7	5.9
#住宅	9287	9980	8.6	7.5
九、资产总计(亿元)	**947935.60**	**1062327.43**	**11.2**	**12.1**
按规模分				
大型企业	68458.89	78534.52	3.9	14.7
中型企业	472815.76	524818.92	1.6	11.0
小微企业	406660.94	458973.98	26.5	12.9
十、负债合计(亿元)	**762035.19**	**857043.72**	**13.0**	**12.5**
十一、所有者权益合计(亿元)	**185900.41**	**205283.71**	**4.2**	**10.4**
十二、主营业务收入(亿元)	**110239.78**	**118582.08**	**-2.4**	**7.6**
土地转让收入	874.14	747.84	-27.6	-14.4
商品房销售收入	104126.42	112267.54	-2.4	7.8
自持物业收入	2009.82	2016.21	0.1	0.3
其他收入	3229.41	3550.50	6.9	9.9

注：商品房平均销售价格由报告期内新建商品房销售额除以销售面积计算而成。不同时期的商品房平均销售价格可能会受商品房区域、房屋类型等各种因素的影响(以下相关各表同)。

1-2　各地区按登记注册类型分的房地产开发企业个数

单位：个

地　区	总　计	内　资					
			国　有	集　体	股份合作	国有联营	集体联营
全国总计	**103262**	**99150**	**1133**	**227**	**62**	**18**	**3**
北　京	1304	1223	18	3	4	1	1
天　津	1180	1102	44	3			
河　北	3942	3904	5		1	2	
山　西	2551	2536	31	3			
内蒙古	1638	1637	4		2		
辽　宁	2865	2629	15	1	3		
吉　林	1540	1519	6				
黑龙江	1515	1496	13		2	1	
上　海	2588	2220	67	12	1	1	1
江　苏	7003	6404	105	15	6	4	
浙　江	7095	6767	26	8	4	1	
安　徽	4143	4082	53	1	3	2	
福　建	3608	3255	36	8			
江　西	2855	2789	33	1		1	
山　东	7696	7424	104	39	8		
河　南	8052	7969	58	3	2		
湖　北	4186	4091	75	6	2	2	1
湖　南	4768	4676	48	3	2	1	
广　东	9635	8782	146	89	11		
广　西	3277	3193	23	5	2		
海　南	1166	1116	31	7			
重　庆	2278	2173	23		1	2	
四　川	4593	4513	22	2	3		
贵　州	2862	2833	25	2			
云　南	2962	2915	32	3			
西　藏	127	127	1				
陕　西	2895	2857	46	8	4		
甘　肃	1738	1729	32	4			
青　海	323	322	2				
宁　夏	576	570					
新　疆	2301	2297	9	1	1		

1-2 续表 1 单位：个

地　区	内资						
	国有与集体联营	其他联营	国有独资公司	其他有限责任公司	股份有限公司	私营独资	私营合伙
全国总计	**5**	**7**	**2521**	**34357**	**1161**	**316**	**57**
北　京			62	915	15	4	
天　津			79	598	24	7	
河　北			33	1186	21	4	1
山　西			60	473	3	3	
内蒙古			30	565	31	3	1
辽　宁			46	768	29	35	5
吉　林			35	431	29	5	
黑龙江			34	493	33	8	
上　海			199	1072	30	4	2
江　苏	2	1	184	1791	127	44	10
浙　江			167	2104	23	3	2
安　徽	1	1	91	2143	56	18	5
福　建		1	114	768	3		1
江　西			42	931	43	5	
山　东		1	183	3009	136	14	3
河　南			66	2750	62	12	
湖　北	1		92	1452	71	8	1
湖　南			109	1205	61	18	4
广　东	1	3	125	3544	114	52	10
广　西			95	986	11	1	
海　南			37	732	39	4	1
重　庆			86	439	31	5	
四　川			154	1939	31	17	2
贵　州			113	761	12	5	
云　南			74	835	51	7	3
西　藏			8	52		1	1
陕　西			94	1002	34	11	2
甘　肃			42	570	25	5	2
青　海			10	86	1	1	1
宁　夏			16	144	1	1	
新　疆			41	613	14	11	

1-2　续表 2

单位：个

地　区	内　资			港澳台商投　资			
	私营有限责任公司	私营股份有限公司	其他内资企　业		合资经营	合作经营	独　资
全国总计	**58585**	**662**	**36**	**2759**	**1030**	**147**	**1533**
北　京	195	5		40	13	10	16
天　津	339	4	4	43	20	2	21
河　北	2638	13		23	8		14
山　西	1953	10		7	3	1	3
内蒙古	978	23		1	1		
辽　宁	1707	16	4	174	68	3	103
吉　林	998	15		13	6	1	6
黑龙江	904	8		11	5		6
上　海	808	23		261	101	9	148
江　苏	4075	34	6	443	216	7	211
浙　江	4409	20		175	76	2	95
安　徽	1659	47	2	44	25		19
福　建	2319	5		221	82	8	130
江　西	1704	29		52	26	1	24
山　东	3862	61	4	190	98	3	83
河　南	4979	31	6	50	15	2	33
湖　北	2355	23	2	60	25	2	31
湖　南	3188	37		61	18	1	42
广　东	4639	44	4	614	124	86	393
广　西	2058	12		40	17	3	20
海　南	250	15		37	7	1	23
重　庆	1561	25		71	18	2	48
四　川	2302	41		51	20	2	29
贵　州	1892	23		18	10		8
云　南	1878	31	1	33	15		16
西　藏	61	3					
陕　西	1640	14	2	15	5	1	8
甘　肃	1030	18	1	5	4		1
青　海	218	3					
宁　夏	400	8		2	2		
新　疆	1586	21		4	2		2

1-2　续表 3　　　　单位：个

地　区	港澳台商投资		外商投资					
	股份有限	其　他		合资经营	合作经营	独　资	股份有限	其　他
全国总计	**25**	**24**	**1353**	**587**	**51**	**665**	**19**	**31**
北　京		1	41	20	9	12		
天　津			35	9	2	19	4	1
河　北	1		15	6		9		
山　西			8	3		5		
内 蒙 古								
辽　宁			62	31		31		
吉　林			8	5		2		1
黑 龙 江			8	4		4		
上　海	1	2	107	34	5	64	2	2
江　苏	4	5	156	82	6	63	2	3
浙　江	1	1	153	68	1	82	2	
安　徽			17	4		9		4
福　建	1		132	44		86	2	
江　西	1		14	7		7		
山　东	3	3	82	50	2	25	2	3
河　南			33	9	1	23		
湖　北	2		35	17		16		2
湖　南			31	20	1	8		2
广　东	3	8	239	89	18	121	3	8
广　西			44	23		20		1
海　南	5	1	13	4	2	4		3
重　庆	2	1	34	15	1	16	2	
四　川			29	11	1	17		
贵　州			11	8	1	2		
云　南		2	14	6		8		
西　藏								
陕　西	1		23	13	1	8		1
甘　肃			4	2		2		
青　海			1	1				
宁　夏			4	2		2		
新　疆								

1-3　各地区按资质等级分的房地产开发企业个数

单位：个

地　区	总　计	一　级	二　级	三　级	四　级	暂　定	其　他
全国总计	**103262**	**1315**	**8597**	**15960**	**16398**	**50349**	**10643**
北　京	1304	50	75	68	667	358	86
天　津	1180	16	54	58	742	209	101
河　北	3942	78	279	541	1221	1634	189
山　西	2551	22	174	217	1096	991	51
内蒙古	1638	18	108	229	866	267	150
辽　宁	2865	32	136	578	40	1589	490
吉　林	1540	8	156	223	264	851	38
黑龙江	1515	12	189	705	120	360	129
上　海	2588	34	193	218	2	1784	357
江　苏	7003	103	1577	392	19	4050	862
浙　江	7095	88	304	1047	629	3390	1637
安　徽	4143	61	230	689	249	2549	365
福　建	3608	31	182	700	525	1908	262
江　西	2855	24	117	316	292	1807	299
山　东	7696	154	464	822	1200	4170	886
河　南	8052	113	603	881	544	4569	1342
湖　北	4186	70	333	439	782	2206	356
湖　南	4768	42	249	1233	1183	1867	194
广　东	9635	90	222	1152	2012	4870	1289
广　西	3277	21	122	412	265	2381	76
海　南	1166	6	31	93	136	737	163
重　庆	2278	70	738	440	20	944	66
四　川	4593	62	871	2584	57	808	211
贵　州	2862	7	212	387	383	1771	102
云　南	2962	29	189	207	993	1252	292
西　藏	127	1	13	18	29	63	3
陕　西	2895	31	351	497	873	690	453
甘　肃	1738	10	126	393	557	624	28
青　海	323	3	64	65	54	100	37
宁　夏	576	11	114	129	111	197	14
新　疆	2301	18	121	227	467	1353	115

1-4 各地区按隶属关系分的房地产开发企业个数

单位：个

地　区	合　计	中央属	地方属	其　他
全国总计	**103262**	**1036**	**8699**	**93527**
北　京	1304	56	336	912
天　津	1180	41	242	897
河　北	3942	16	283	3643
山　西	2551	23	136	2392
内蒙古	1638	9	180	1449
辽　宁	2865	31	102	2732
吉　林	1540	5	162	1373
黑龙江	1515	18	205	1292
上　海	2588	75	590	1923
江　苏	7003	60	290	6653
浙　江	7095	42	207	6846
安　徽	4143	47	374	3722
福　建	3608	14	239	3355
江　西	2855	18	194	2643
山　东	7696	53	1106	6537
河　南	8052	35	560	7457
湖　北	4186	74	334	3778
湖　南	4768	38	358	4372
广　东	9635	122	634	8879
广　西	3277	23	198	3056
海　南	1166	31	152	983
重　庆	2278	33	158	2087
四　川	4593	24	431	4138
贵　州	2862	28	174	2660
云　南	2962	24	254	2684
西　藏	127	1	21	105
陕　西	2895	41	331	2523
甘　肃	1738	9	207	1522
青　海	323	1	27	295
宁　夏	576	5	20	551
新　疆	2301	39	194	2068

1-5　各地区按登记注册类型分的房地产开发企业从业人数

单位：人

地　区	总　计	内　资					
			国　有	集　体	股份合作	国有联营	集体联营
全国总计	**2901253**	**2746467**	**36517**	**4953**	**1362**	**385**	**27**
北　京	49513	44659	865	187	179	28	27
天　津	33551	29623	1424	36			
河　北	110399	107822	211		12	24	
山　西	54135	53712	847	268			
内蒙古	33397	33315	94		27		
辽　宁	49503	43479	323	1	29		
吉　林	32079	31080	134				
黑龙江	27314	26740	144		23	18	
上　海	58933	44447	961	193	23	23	
江　苏	175123	154283	2223	268	139	50	
浙　江	129503	121824	475	78	35	16	
安　徽	120768	118253	1202	7	106	56	
福　建	108390	97685	2065	186			
江　西	92797	90598	1159	20		9	
山　东	207046	198059	3607	838	134		
河　南	262288	259552	1379	46	43		
湖　北	127127	123018	2854	285	87	38	
湖　南	154721	150425	1824	50	16	18	
广　东	266102	232225	4308	1945	272		
广　西	95368	91549	889	55	22		
海　南	35998	32468	935	103			
重　庆	102439	97160	1547		14	105	
四　川	164459	160102	958	89	92		
贵　州	108805	107786	781	14			
云　南	105879	102847	1144	57			
西　藏	2693	2693	12				
陕　西	84550	83396	2884	164	106		
甘　肃	42710	42489	985	59			
青　海	9044	9023	12				
宁　夏	14977	14652					
新　疆	41642	41503	271	4	3		

1-5 续表 1 单位：人

地区	内资						
	国有与集体联营	其他联营	国有独资公司	其他有限责任公司	股份有限公司	私营独资	私营合伙
全国总计	**113**	**156**	**100778**	**1052311**	**45535**	**7070**	**1257**
北京			3823	32812	1952	236	
天津			2314	15161	853	73	
河北			1071	36246	1227	79	5
山西			2003	14969	68	20	
内蒙古			1673	13412	607	36	46
辽宁			1427	15800	612	511	49
吉林			868	11682	710	137	
黑龙江			2153	11294	690	123	
上海			4580	21140	1164	14	8
江苏	11	10	5743	45291	3730	1008	195
浙江			4092	43458	1229	70	13
安徽	8	46	2853	65143	1494	482	122
福建		35	5914	25258	158		20
江西			2066	32386	1442	150	
山东		26	7400	81980	4488	271	63
河南			2430	94560	2784	587	
湖北	58		2847	50836	2791	306	20
湖南			5066	45089	2224	512	94
广东	36	39	5122	108214	7424	842	340
广西			3165	34376	279	17	
海南			1374	22427	1116	57	10
重庆			4712	20178	1704	290	
四川			7832	72010	2673	564	53
贵州			3900	35897	291	153	
云南			3403	32310	2025	87	100
西藏			385	882		7	13
陕西			7674	32754	896	200	28
甘肃			1451	15581	627	87	63
青海			404	3124	19	7	15
宁夏			1602	4281	25	19	
新疆			1431	13760	233	125	

1-5 续表 2

单位：人

地 区	内资			港澳台商投资			
	私营有限责任公司	私营股份有限公司	其他内资企业		合资经营	合作经营	独资
全国总计	**1477195**	**17957**	**851**	**101924**	**39578**	**5480**	**54671**
北 京	4308	242		2946	416	725	1794
天 津	9642	61	59	2554	1234	144	1176
河 北	68656	291		705	264		401
山 西	35303	234		122	40	10	72
内蒙古	16964	456		82	82		
辽 宁	24414	252	61	4258	1636	42	2580
吉 林	17301	248		648	155	268	225
黑龙江	11847	448		418	97		321
上 海	15563	778		11501	5380	831	5264
江 苏	94774	774	67	15100	7428	172	7019
浙 江	71935	423		4002	1862	5	2088
安 徽	45253	1387	94	1594	977		617
福 建	63948	101		6644	2989	124	3233
江 西	52461	905		1867	846	19	987
山 东	97519	1578	155	6749	3826	29	2669
河 南	156715	831	177	1646	212	131	1303
湖 北	62230	656	10	2231	910	28	1254
湖 南	94250	1282		2629	581	45	2003
广 东	102591	1015	77	21573	5727	2547	12938
广 西	52513	233		2080	677	59	1344
海 南	6125	321		1674	231	18	987
重 庆	67332	1278		3580	961	151	2420
四 川	74610	1221		3307	1451	92	1764
贵 州	65997	753		772	272		500
云 南	62655	1064	2	2356	752		1478
西 藏	1354	40					
陕 西	38384	164	142	400	146	40	174
甘 肃	23305	324	7	163	162		1
青 海	5328	114					
宁 夏	8541	184		184	184		
新 疆	25377	299		139	80		59

1-5 续表 3 单位：人

地 区	港澳台商投资		外商投资					
	股份有限	其 他		合资经营	合作经营	独 资	股份有限	其 他
全国总计	**1549**	**646**	**52862**	**18104**	**2405**	**29986**	**501**	**1866**
北 京		11	1908	535	774	599		
天 津			1374	200	58	1012	91	13
河 北	40		1872	118		1754		
山 西			301	60		241		
内 蒙 古								
辽 宁			1766	728		1038		
吉 林			351	239		75		37
黑 龙 江			156	80		76		
上 海	7	19	2985	1099	234	1534	57	61
江 苏	358	123	5740	2353	196	3073	24	94
浙 江	35	12	3677	1179	7	2432	59	
安 徽			921	93		740		88
福 建	298		4061	1203		2797	61	
江 西	15		332	146		186		
山 东	92	133	2238	1524	35	614	27	38
河 南			1090	383	8	699		
湖 北	39		1878	611		1165		102
湖 南			1667	606	54	848		159
广 东	143	218	12304	4171	767	7060	121	185
广 西			1739	733		926		80
海 南	438		1856	55	59	745		997
重 庆	44	4	1699	651	10	977	61	
四 川			1050	378	15	657		
贵 州			247	191	31	25		
云 南		126	676	190		486		
西 藏								
陕 西	40		754	510	157	75		12
甘 肃			58	38		20		
青 海			21	21				
宁 夏			141	9		132		
新 疆								

1-6　各地区按资质等级分的房地产开发企业从业人数

单位：人

地　区	总　计	一　级	二　级	三　级	四　级	暂　定	其　他
全国总计	**2901253**	**123326**	**375012**	**461672**	**386222**	**1299058**	**255963**
北　京	49513	7037	6012	3270	22616	8667	1911
天　津	33551	1462	2689	2295	20004	4960	2141
河　北	110399	8269	12413	15676	29645	39514	4882
山　西	54135	1346	7589	5394	22193	16986	627
内蒙古	33397	1599	3135	4954	15881	5471	2357
辽　宁	49503	1832	4183	10484	402	24596	8006
吉　林	32079	2227	4943	4303	4234	15737	635
黑龙江	27314	982	5500	11554	982	5951	2345
上　海	58933	4034	5735	5279	33	37108	6744
江　苏	175123	6427	44420	6291	188	96595	21202
浙　江	129503	5432	7405	19275	8430	60556	28405
安　徽	120768	3979	9657	19296	4658	73291	9887
福　建	108390	5711	9701	23989	10490	52911	5588
江　西	92797	1163	5892	10686	8253	56871	9932
山　东	207046	12169	22760	26282	27279	99372	19184
河　南	262288	8564	25608	24578	13136	147916	42486
湖　北	127127	4781	17958	14327	16187	65254	8620
湖　南	154721	3881	13027	42105	34561	55539	5608
广　东	266102	12670	12783	40045	48615	117994	33995
广　西	95368	1849	6446	13350	6102	65322	2299
海　南	35998	383	1876	3523	4884	21414	3918
重　庆	102439	8357	38877	14531	538	37477	2659
四　川	164459	5433	39376	85726	960	26953	6011
贵　州	108805	748	18620	13507	10996	61333	3601
云　南	105879	3115	12860	8515	31935	41121	8333
西　藏	2693	28	494	499	441	1195	36
陕　西	84550	5973	16437	13396	19649	18353	10742
甘　肃	42710	1208	6125	9329	12240	13356	452
青　海	9044	222	2681	1723	1011	2536	871
宁　夏	14977	728	4712	2860	2479	3725	473
新　疆	41642	1717	5098	4630	7200	20984	2013

1-7 各地区按隶属关系分的房地产开发企业从业人数

单位：人

地区	合计	中央属	地方属	其他
全国总计	**2901253**	**43684**	**293515**	**2564054**
北京	49513	2834	16651	30028
天津	33551	2045	7088	24418
河北	110399	463	9188	100748
山西	54135	759	4755	48621
内蒙古	33397	394	5134	27869
辽宁	49503	941	2717	45845
吉林	32079	166	3008	28905
黑龙江	27314	1259	5268	20787
上海	58933	2226	14115	42592
江苏	175123	1756	7766	165601
浙江	129503	1103	5421	122979
安徽	120768	1687	12170	106911
福建	108390	397	11715	96278
江西	92797	639	7368	84790
山东	207046	2290	33427	171329
河南	262288	1056	16805	244427
湖北	127127	4027	11363	111737
湖南	154721	1838	13426	139457
广东	266102	6027	22908	237167
广西	95368	519	7501	87348
海南	35998	1637	4865	29496
重庆	102439	2309	9112	91018
四川	164459	1116	17743	145600
贵州	108805	1334	6757	100714
云南	105879	1101	9178	95600
西藏	2693	18	656	2019
陕西	84550	1588	15228	67734
甘肃	42710	224	6385	36101
青海	9044	57	914	8073
宁夏	14977	1041	943	12993
新疆	41642	833	3940	36869

第二章

房地产开发投资及企业到位资金情况

2-1　各地区房地产开发企业投资规模与完成情况

单位：万元

地　区	计划总投资	自开始建设累计完成投资	本年完成投资
全国总计	**9488866319**	**6131922460**	**1414429455**
北　京	297987634	227448057	39387093
天　津	229114341	149633957	26085378
河　北	272291776	148008734	46011346
山　西	146541773	78442811	18303640
内蒙古	93177461	57467988	11764822
辽　宁	235800271	162800518	29788629
吉　林	91861531	60127532	14607761
黑龙江	75278914	47954730	9829165
上　海	355189851	235701347	46987486
江　苏	890883251	555877861	131712702
浙　江	679802837	416468614	114136556
安　徽	436283521	294679368	70422934
福　建	327608924	274331689	60268029
江　西	196999829	108753403	23780804
山　东	637846699	362743807	94504902
河　南	499582521	291494264	77822869
湖　北	442161047	223016763	48888684
湖　南	326516617	209753999	48804403
广　东	1154833135	835390697	173127415
广　西	271161280	177614330	38456156
海　南	134978045	101828924	13416668
重　庆	310163404	250278936	43519565
四　川	401319644	234908160	73153072
贵　州	221932879	136515254	34187451
云　南	240057009	167299690	45051875
西　藏	6321693	4477835	1654676
陕　西	273605530	174661670	44043898
甘　肃	80611064	45411615	13556405
青　海	24077543	16235099	4213460
宁　夏	44769352	32021159	4332733
新　疆	90106943	50573649	12608878

2-2 各地区按登记注册类型分的房地产开发企业计划总投资

单位：万元

地　区	总　计	内　资					
			国　有	集　体	股份合作	国有联营	集体联营
全国总计	**9488866319**	**8809963067**	**130925198**	**8752711**	**5632485**	**3733183**	**67266**
北　京	297987634	285421126	3613606	198795	326040	125122	67266
天　津	229114341	209941271	6551186	49600			
河　北	272291776	266956953	728833			67000	
山　西	146541773	144827748	2184349	29907			
内蒙古	93177461	92942961	421126		30372		
辽　宁	235800271	192841760	1587547		40000		
吉　林	91861531	86516756	1117546				
黑龙江	75278914	72729004	356138		154000		
上　海	355189851	304048955	11666129	453556			
江　苏	890883251	786421704	19502343	278017	1452657	1099021	
浙　江	679802837	638922663	1524282	38230			
安　徽	436283521	426110588	5511430		691378	543268	
福　建	327608924	289760695	1415877	60458			
江　西	196999829	189254729	1341994	29208		81000	
山　东	637846699	603543714	9347711	2598218	613464		
河　南	499582521	491737549	4235977		245000		
湖　北	442161047	418798857	10067412	219500	425000	526641	
湖　南	326516617	310938645	1439680	4500	115000		
广　东	1154833135	1015720087	27432698	4052252	737686		
广　西	271161280	252234777	1159911	68131	21500		
海　南	134978045	122618448	3134146	89938			
重　庆	310163404	268498863	6475328			1291131	
四　川	401319644	386363908	1514784	243900	192122		
贵　州	221932879	216259684	1386692				
云　南	240057009	226497720	696456				
西　藏	6321693	6321693	90511				
陕　西	273605530	267269487	4148339	149719	588266		
甘　肃	80611064	80327116	1225701	187978			
青　海	24077543	24077543	260000				
宁　夏	44769352	42377014					
新　疆	90106943	89681049	787466	804			

2-2　续表 1　　　　单位：万元

地　区	内　资						
	国有与集体联营	其他联营	国有独资公司	其他有限责任公司	股份有限公司	私营独资	私营合伙
全国总计	**1552848**	**1153862**	**419371822**	**4535987998**	**142436891**	**28439414**	**3481481**
北　京			26347410	224880693	3494431	2040276	
天　津			17790581	122479562	5984346	706882	
河　北			3677783	131086478	2512295	26268	12500
山　西			5565261	74403328	3848	58310	
内蒙古			4387479	41890641	1772698	23828	185554
辽　宁			4160724	95454660	2787646	3144208	118600
吉　林			2986352	40098030	2542663	120724	
黑龙江			2437412	45236707	1385975	130556	
上　海			30057447	174995137	5591395	640000	45000
江　苏	1140622	20000	38988916	324898789	19436940	6865137	899167
浙　江			29675765	262780485	3141182	455292	14450
安　徽	28023	140000	14904869	266377511	7685440	1384991	254900
福　建		50648	17746308	106486784	418000		95350
江　西			5895836	90793596	4023338	175050	
山　东		109000	30126939	326058813	9021130	579796	173674
河　南			10175803	293032389	5183873	438500	
湖　北	264203		15017301	207908129	11176714	155847	
湖　南			9620485	139361148	7752688	652209	40000
广　东	120000	834214	33699145	575658122	24093281	7843499	1000545
广　西			16190038	132585839	966632	29560	
海　南			7193616	88025765	3435429	309917	139659
重　庆			20069716	76466049	6619113	592866	
四　川			25902012	224869139	5461900	823834	279220
贵　州			11305144	102148080	316702	167762	
云　南			5967997	132244464	2968947	50379	58106
西　藏			2623218	2170483		1755	12000
陕　西			13305028	140457842	2003438	529685	36000
甘　肃			5210015	33241193	2116953	135000	112916
青　海			714450	12405387	100000	56000	3840
宁　夏			3175261	14759144	49200	83443	
新　疆			4453511	32733611	390694	217840	

2-2 续表 2

单位：万元

地 区	内 资			港澳台商投资	合资经营	合作经营	独 资
	私营有限责任公司	私营股份有限公司	其他内资企业				
全国总计	**3477703169**	**44362810**	**6361929**	**459551023**	**177664108**	**26305379**	**241704828**
北 京	23892993	434494		5902377	1737507	1486681	1221119
天 津	54818664	556291	1004159	13639236	6303114	525336	6810786
河 北	128337044	508752		1687472	618107		1031365
山 西	61786317	796428		1262479	918207		344272
内蒙古	43424558	806705		234500	234500		
辽 宁	83278216	1638159	632000	28487694	10200618	50000	18237076
吉 林	39009967	641474		4417873	370279	2878635	1168959
黑龙江	22979055	49161		1979895	525818		1454077
上 海	77616282	2984009		37054165	19403304	350000	16944774
江 苏	366716496	4615461	508138	76876847	42496629	1264428	31018874
浙 江	340409900	883077		25781156	10038303	242047	15247223
安 徽	122546651	5542127	500000	7607756	4160706		3447050
福 建	163179250	308020		23148922	15786213	49800	7262909
江 西	85040470	1874237		5951115	2230032	270000	3446083
山 东	220862716	3308027	744226	26350249	14051432	125000	10994376
河 南	177468730	766000	191277	4154585	1166400	114000	2874185
湖 北	170774601	2263509		13572713	4590473	1121143	7211097
湖 南	149853031	2099904		10978544	3009523	600000	7369021
广 东	334979383	3932617	1336645	85374805	22364832	10464824	50346362
广 西	100836581	376585		11213765	2717022	1650000	6846743
海 南	19287593	1002385		11440254	1437308	150000	6667339
重 庆	155521044	1463616		32505941	6435461	4165700	20964780
四 川	125225350	1851647		10237157	2801719	397785	7037653
贵 州	99848174	1087130		5285263	338169		4947094
云 南	82744155	1767216		9578935	1297952		7112327
西 藏	1352912	70814					
陕 西	104288760	364410	1398000	2480551	419600	400000	1363390
甘 肃	37883300	166576	47484	215500	215500		
青 海	10345219	192647					
宁 夏	22639467	1670499		1705380	1705380		
新 疆	50756290	340833		425894	90000		335894

2-2　续表 3　　　　单位：万元

地　区	港澳台商投资		外商投资					
	股份有限	其　他		合资经营	合作经营	独　资	股份有限	其　他
全国总计	**7033002**	**6843706**	**219352229**	**91506107**	**12078684**	**107701523**	**3073727**	**4992188**
北　京		1457070	6664131	2779208	1839158	2045765		
天　津			5533834	931009		3014547	1458278	130000
河　北	38000		3647351	441795		3205556		
山　西			451546			451546		
内蒙古								
辽　宁			14470817	5654165		8816652		
吉　林			926902	498700		360202		68000
黑龙江			570015	514515		55500		
上　海	109000	247087	14086731	5834059	2636532	5084523	31796	499821
江　苏	572000	1524916	27584700	13378929	1441565	12280705	219947	263554
浙　江	234822	18761	15099018	7710862		7239656	148500	
安　徽			2565177	322771		1859406		383000
福　建	50000		14699307	4883826		9752681	62800	
江　西	5000		1793985	563021		1230964		
山　东	498201	681240	7952736	5594151	34610	1879924	154031	290020
河　南			3690387	499797	25000	3165590		
湖　北	650000		9789477	1677892		7132615		978970
湖　南			4599428	2963259	150000	1323148		163021
广　东	452811	1745976	53738243	25071894	4175096	22277756	603375	1610122
广　西			7712738	2742458		4673780		296500
海　南	3185607		919343	151263	248900	310000		209180
重　庆	940000		9158600	2115058	1104517	5544025	395000	
四　川			4718579	2775443	391274	1551862		
贵　州			387932	333400	32032	22500		
云　南		1168656	3980354	1613037		2367317		
西　藏								
陕　西	297561		3855492	2260280		1495212		100000
甘　肃			68448	56600		11848		
青　海								
宁　夏			686958	138715		548243		
新　疆								

2-3 各地区按资质等级分的房地产开发企业计划总投资

单位：万元

地区	总计	一级	二级	三级	四级	暂定	其他
全国总计	**9488866319**	**319313499**	**1195753304**	**1115185179**	**1036285278**	**4713636389**	**1108692670**
北京	297987634	15391841	24366186	16313778	126821291	104055657	11038881
天津	229114341	4735938	19653844	9588932	138324868	38474259	18336500
河北	272291776	15604227	26262316	31221027	65751984	121953847	11498375
山西	146541773	3967417	16673734	9038834	57355745	57893859	1612184
内蒙古	93177461	3826866	12054126	13388713	40031052	17247917	6628787
辽宁	235800271	5427654	19181942	40929822	1185200	120323283	48752370
吉林	91861531	2124836	17017644	8946298	7080245	55330973	1361535
黑龙江	75278914	1524383	12127991	28906354	975205	24481192	7263789
上海	355189851	6584932	25160014	17752670	146105	273575225	31970905
江苏	890883251	23496837	229367552	14859696	497014	518117279	104544873
浙江	679802837	11594765	26205748	73449171	26659889	345504330	196388934
安徽	436283521	13148196	35401489	65692280	7806069	271540422	42695065
福建	327608924	9787070	38131803	56466402	20361511	182699707	20162431
江西	196999829	3252213	9606841	20896559	14120042	131332814	17791360
山东	637846699	36749285	60336294	66632470	56300861	341765633	76062156
河南	499582521	17716727	50977096	34555664	13186035	312575840	70571159
湖北	442161047	17946518	55278851	23994410	22688559	246007944	76244765
湖南	326516617	17578453	30793011	77671882	64421801	126832486	9218984
广东	1154833135	30755138	51459134	144458372	176508989	546532153	205119349
广西	271161280	10788048	26330078	33004212	11594166	184052681	5392095
海南	134978045	3735922	8640279	16027580	14111605	76125121	16337538
重庆	310163404	22126403	135520842	19065687	306409	126596708	6547355
四川	401319644	15023741	99269336	194238762	1107794	66275503	25404508
贵州	221932879	1636602	52185358	21719093	12084195	127071727	7235904
云南	240057009	6278228	26760209	12736283	52830378	111682884	29769027
西藏	6321693	60000	1171132	827989	768808	3388071	105693
陕西	273605530	9621047	41290310	29202563	59584831	80448421	53458358
甘肃	80611064	2023960	11026761	14013299	22238370	30705645	603029
青海	24077543	878500	5578659	5397360	1791984	8711118	1719922
宁夏	44769352	3596065	15786127	5974035	6892375	11946925	573825
新疆	90106943	2331687	12138597	8214982	12751898	50386765	4283014

2-4　各地区按登记注册类型分的房地产开发企业完成投资

单位：万元

地　区	总　计	内　资					
			国　有	集　体	股份合作	国有联营	集体联营
全国总计	**1414429455**	**1342098383**	**22518414**	**1476355**	**1193358**	**448434**	**9554**
北　京	39387093	38743007	638106	11301	154521	21065	9554
天　津	26085378	24764598	943023	3226			
河　北	46011346	45580455	118579			12045	
山　西	18303640	18226654	108190	1500			
内 蒙 古	11764822	11712369	65748		10052		
辽　宁	29788629	26707632	277741		9738		
吉　林	14607761	13745623	149930				
黑 龙 江	9829165	9397265	25368		51881		
上　海	46987486	41757958	2563187	46231			
江　苏	131712702	117188820	2995041	43316	281578	260326	
浙　江	114136556	108884809	208365	16261			
安　徽	70422934	69328067	1069998		119951	47704	
福　建	60268029	54551601	151851	1100			
江　西	23780804	22879227	210292	6600		2657	
山　东	94504902	88643482	1483142	566562	182093		
河　南	77822869	76798618	739500		22694		
湖　北	48888684	46841361	1572887	34440	146257	25737	
湖　南	48804403	47672728	214913	200			
广　东	173127415	161177191	5532200	571466	91660		
广　西	38456156	36867152	162752	13170	4203		
海　南	13416668	12414617	524393	10133			
重　庆	43519565	40375550	797037			78900	
四　川	73153072	71665086	303546	57656	24317		
贵　州	34187451	33768219	245122				
云　南	45051875	43271596	91613				
西　藏	1654676	1654676	28197				
陕　西	44043898	43115084	775556	44705	94413		
甘　肃	13556405	13526349	279233	48488			
青　海	4213460	4213460	55966				
宁　夏	4332733	4083391					
新　疆	12608878	12541738	186938				

2-4 续表 1

单位：万元

地 区	内 资						
	国有与集体联营	其他联营	国有独资公司	其他有限责任公司	股份有限公司	私营独资	私营合伙
全国总计	**406008**	**152549**	**64068745**	**684097774**	**16903141**	**7291231**	**647006**
北 京			3338289	29010775	370619	678703	
天 津			1527595	13382725	700120	91466	
河 北			677967	21889450	234594	6055	
山 西			883375	8319700		8664	
内蒙古			601441	4846752	185194	11043	26966
辽 宁			307622	12907546	383324	1109756	12456
吉 林			775173	6235542	301336	43220	
黑龙江			518331	5680426	216252	31066	
上 海			5258021	23972574	530174	69680	20
江 苏	226000	8660	5689608	48046670	2497895	995907	232244
浙 江			5165017	49496227	518778	85617	7610
安 徽	9721	11500	2556718	40948924	834045	296811	48335
福 建		32563	3781196	20758576	106		82300
江 西			767193	10209255	401901	56926	
山 东		26464	4961036	48502772	1307978	129740	45073
河 南			1518845	46268575	586148	108208	
湖 北	170287		1864010	25708181	1064949	26223	
湖 南			1405929	20835723	655930	159751	21024
广 东		73362	4234937	88414791	3287603	2737582	70594
广 西			2645794	20173454	91609		
海 南			861841	8074381	268408	64044	
重 庆			2941342	11018990	620482	64135	
四 川			4318580	40592976	722239	190747	35955
贵 州			2216619	16136573	38037	51338	
云 南			1086591	24960187	424345	21559	19582
西 藏			620394	692197		893	8400
陕 西			1706111	22954747	277926	170187	8000
甘 肃			896887	5419354	291804	10480	26212
青 海			80781	2125573	47006	10163	2235
宁 夏			118361	1646246	10400	1223	
新 疆			743141	4867912	33939	60044	

2-4　续表 2

单位：万元

地　　区	内　　资			港澳台商投　　资			
	私营有限责任公司	私营股份有限公司	其他内资企　　业		合资经营	合作经营	独　资
全国总计	**535053786**	**6189974**	**1642054**	**48637748**	**22396717**	**1692452**	**22658463**
北　　京	4433548	76526		390581	50726	63002	47673
天　　津	7992453	17509	106481	838923	456828	52969	329126
河　　北	22552917	88848		225597	149127		72214
山　　西	8826510	78715		37641	4309		33332
内 蒙 古	5811870	153303		52453	52453		
辽　　宁	11517549	130630	51270	1971508	809006	29100	1133402
吉　　林	6048680	191742		611991	39858	239590	332543
黑 龙 江	2838450	35491		379112	83693		295419
上　　海	8822804	495267		3600624	1784767	3284	1761304
江　　苏	55217615	549737	144223	10735977	6906813	136044	3260475
浙　　江	53179104	207830		3077764	1141981	15997	1741771
安　　徽	22588911	673099	122350	865774	501138		364636
福　　建	29740565	3344		3168725	2571914	5514	591297
江　　西	11084137	140266		796373	279326	30	516389
山　　东	30879467	351810	207345	4595710	2671315	3955	1827486
河　　南	27433611	99367	21670	365161	81621	15207	268333
湖　　北	15919059	309331		1286546	640590	25528	600966
湖　　南	24112999	266259		781445	254511	19518	507416
广　　东	54843096	589621	730279	7484521	2057857	796966	4457100
广　　西	13712468	63702		854807	215690	80484	558633
海　　南	2405625	205792		878524	114757	13406	411694
重　　庆	24532844	321820		2533939	602647	103441	1618630
四　　川	25059079	359991		988079	280676	78301	629102
贵　　州	14935941	144589		385412	43361		342051
云　　南	16457698	210021		1232167	289447		788288
西　　藏	276963	27632					
陕　　西	16801693	41510	240236	227764	88237	10116	122622
甘　　肃	6491432	44259	18200	21420	21420		
青　　海	1860807	30929					
宁　　夏	2071693	235468		182070	182070		
新　　疆	6604198	45566		67140	20579		46561

2-4 续表 3

单位：万元

地区	港澳台商投资		外商投资					
	股份有限	其他		合资经营	合作经营	独资	股份有限	其他
全国总计	**858481**	**1031635**	**23693324**	**10228533**	**881535**	**11631616**	**359304**	**592336**
北京		229180	253505	102188	28551	122766		
天津			481857	73823		271320	131115	5599
河北	4256		205294	10709		194585		
山西			39345			39345		
内蒙古								
辽宁			1109489	580674		528815		
吉林			250147	176839		53367		19941
黑龙江			52788	51004		1784		
上海		51269	1628904	643508	320004	529280		136112
江苏	47683	384962	3787905	1986203	242835	1431485	102855	24527
浙江	171015	7000	2173983	1117093		1049415	7475	
安徽			229093	51855		153146		24092
福建			2547703	485358		2062345		
江西	628		105204	9858		95346		
山东	24600	68354	1265710	986606	16093	235226	15684	12101
河南			659090	63505		595585		
湖北	19462		760777	162934		443301		154542
湖南			350230	203874	39891	78712		27753
广东	36160	136438	4465703	2383752	157704	1796450	93125	34672
广西			734197	229519		480556		24122
海南	338667		123527	22166	5429	13132		82800
重庆	209221		610076	228574	1874	370578	9050	
四川			499907	261788	64930	173189		
贵州			33820	25140	4224	4456		
云南		154432	548112	167539		380573		
西藏								
陕西	6789		701050	164063		490912		46075
甘肃			8636	3626		5010		
青海								
宁夏			67272	36335		30937		
新疆								

2-5　各地区按资质等级分的房地产开发企业完成投资

单位：万元

地　区	总　计	一　级	二　级	三　级	四　级	暂　定	其　他
全国总计	**1414429455**	**37509048**	**140887674**	**137543708**	**128562403**	**779763684**	**190162938**
北　京	39387093	1780684	1769255	806954	12300486	20441988	2287726
天　津	26085378	393486	1164829	762133	15275497	6159354	2330079
河　北	46011346	2124648	3477404	5146243	10238805	22467636	2556610
山　西	18303640	540421	1587336	982867	7354352	7596968	241696
内蒙古	11764822	219100	1255879	1319869	4410916	2975833	1583225
辽　宁	29788629	662915	1459894	2993098	65136	15164222	9443364
吉　林	14607761	112910	1607703	1099049	1264673	10122284	401142
黑龙江	9829165	115595	1003952	3291179	179280	4146159	1093000
上　海	46987486	474240	3031105	1682634	21892	36501071	5276544
江　苏	131712702	2726173	28082600	1602588	24697	83609764	15666880
浙　江	114136556	2231893	3519991	11260692	3221390	58924410	34978180
安　徽	70422934	1536197	4726330	5890108	1097997	49284735	7887567
福　建	60268029	1400804	4869098	5058718	2329943	41811799	4797667
江　西	23780804	368103	963575	1785349	1251619	16602202	2809956
山　东	94504902	4878776	8813513	8469862	7337420	52338942	12666389
河　南	77822869	2523190	5367758	3945042	1441083	51717261	12828535
湖　北	48888684	1319272	5707482	2670574	2674242	32812428	3704686
湖　南	48804403	1567460	3337897	9083484	9384924	23796537	1634101
广　东	173127415	3064701	4182236	12928164	21035126	91309014	40608174
广　西	38456156	1045595	2312937	3558522	1281757	29734023	523322
海　南	13416668	285660	679715	1140674	851073	8572226	1887320
重　庆	43519565	2606265	16032629	2693799	62411	21076671	1047790
四　川	73153072	1985732	17369012	36899349	227146	12054891	4616942
贵　州	34187451	242781	4264916	2949234	1891521	23776018	1062981
云　南	45051875	843809	3522020	1671113	8468868	23518277	7027788
西　藏	1654676	30000	332100	235050	145697	827678	84151
陕　西	44043898	1073207	5224893	3698425	8485770	15822357	9739246
甘　肃	13556405	399194	1853813	1931820	3669858	5637201	64519
青　海	4213460	125489	818741	656093	264968	1857388	490781
宁　夏	4332733	503648	1210927	371854	458102	1685084	103118
新　疆	12608878	327100	1338134	959168	1845754	7419263	719459

2-6 各地区按隶属关系分的房地产开发企业完成投资

单位：万元

地区	合计	中央属	地方属	其他
全国总计	**1414429455**	**38409338**	**152607729**	**1223412388**
北京	39387093	2389548	11084052	25913493
天津	26085378	1774444	3928637	20382297
河北	46011346	360416	4219405	41431525
山西	18303640	436182	1935389	15932069
内蒙古	11764822	184650	1407163	10173009
辽宁	29788629	710536	1104675	27973418
吉林	14607761	279306	1764184	12564271
黑龙江	9829165	404709	1861707	7562749
上海	46987486	1983010	12382395	32622081
江苏	131712702	2988222	7564221	121160259
浙江	114136556	2431113	3904910	107800533
安徽	70422934	1481458	8168625	60772851
福建	60268029	306605	6410809	53550615
江西	23780804	232154	1692410	21856240
山东	94504902	1996145	16486067	76022690
河南	77822869	1155264	7565158	69102447
湖北	48888684	2066236	4980501	41841947
湖南	48804403	948944	3331680	44523779
广东	173127415	8508383	14932796	149686236
广西	38456156	653906	4219746	33582504
海南	13416668	666326	1866854	10883488
重庆	43519565	1397167	3158834	38963564
四川	73153072	726402	9265565	63161105
贵州	34187451	1154687	2993525	30039239
云南	45051875	1060447	4080463	39910965
西藏	1654676		971115	683561
陕西	44043898	1508279	6508741	36026878
甘肃	13556405	170823	2477262	10908320
青海	4213460	23821	367052	3822587
宁夏	4332733	53195	281087	3998451
新疆	12608878	356960	1692701	10559217

2-7　各地区按构成分的房地产开发企业完成投资

单位：万元

地　区	本年完成投　资	建筑工程	安装工程	设备工器具购　置	其他费用	#土地购置费
全国总计	**1414429455**	**819048893**	**58498500**	**14429388**	**522452674**	**444518726**
北　京	39387093	12345686	157009	60760	26823638	20250408
天　津	26085378	9010311	224851	69251	16780965	13000704
河　北	46011346	32190130	2213505	484081	11123630	9546147
山　西	18303640	11571157	1045707	210475	5476301	3767918
内蒙古	11764822	7584491	527277	89602	3563452	2815982
辽　宁	29788629	17073374	1080900	257511	11376844	10517440
吉　林	14607761	8900448	630594	137340	4939379	4461553
黑龙江	9829165	6885385	379123	80121	2484536	2176047
上　海	46987486	19972074	562049	190383	26262980	23255321
江　苏	131712702	68470663	4989226	1580200	56672613	51990986
浙　江	114136556	48878312	1858830	560027	62839387	51920667
安　徽	70422934	42206430	3508706	735969	23971829	22162518
福　建	60268029	31228555	1823045	571565	26644864	25449608
江　西	23780804	15287160	1844554	612266	6036824	5344171
山　东	94504902	60734002	6332199	1123374	26315327	22100347
河　南	77822869	56386943	955845	586391	19893690	17263969
湖　北	48888684	30546755	2948596	691922	14701411	11504051
湖　南	48804403	34844149	3965576	1094959	8899719	7415798
广　东	173127415	82186450	7206234	1788620	81946111	67425543
广　西	38456156	23386840	1865731	362830	12840755	11136258
海　南	13416668	9387880	892161	114930	3021697	1739000
重　庆	43519565	22867705	3093269	591574	16967017	14226907
四　川	73153072	51769499	4369385	1055178	15959010	14269421
贵　州	34187451	26165846	795276	170324	7056005	6122740
云　南	45051875	32395827	1370840	190091	11095117	9740008
西　藏	1654676	1347558	76333	37168	193617	175675
陕　西	44043898	29648674	2559636	693403	11142185	8881267
甘　肃	13556405	9966960	696397	132135	2760913	2022458
青　海	4213460	3092078	119647	33210	968525	790177
宁　夏	4332733	3184922	125861	50269	971681	856172
新　疆	12608878	9532629	280138	73459	2722652	2189465

2-8 各地区按用途分的房地产开发企业完成投资

单位：万元

地区	本年完成投资	住宅	办公楼	商业营业用房	其他
全国总计	**1414429455**	**1044457333**	**64941019**	**130760629**	**174270474**
北京	39387093	23170802	3134256	2376227	10705808
天津	26085378	20847997	502405	1752936	2982040
河北	46011346	37467442	1167161	3421416	3955327
山西	18303640	14318037	402935	1486123	2096545
内蒙古	11764822	9072288	77010	1180959	1434565
辽宁	29788629	23032331	406327	3151523	3198448
吉林	14607761	10478686	705208	1653191	1770676
黑龙江	9829165	7020859	175747	1544899	1087660
上海	46987486	24187856	8330814	5598510	8870306
江苏	131712702	104160315	3790765	10197410	13564212
浙江	114136556	80895724	4797417	8022193	20421222
安徽	70422934	56367778	1452056	7016767	5586333
福建	60268029	43720977	2145612	4819563	9581877
江西	23780804	18087561	986064	3168866	1538313
山东	94504902	72963980	4259616	7957121	9324185
河南	77822869	64530033	2084986	6392904	4814946
湖北	48888684	37154320	2715660	4472161	4546543
湖南	48804403	36150590	1753037	6052384	4848392
广东	173127415	119104338	15232932	14685560	24104585
广西	38456156	29835115	713880	2875913	5031248
海南	13416668	9464093	707862	1656580	1588133
重庆	43519565	31890503	895405	4461937	6271720
四川	73153072	53301446	2967185	8286693	8597748
贵州	34187451	25723421	674647	4266016	3523367
云南	45051875	33175527	1530427	4945125	5400796
西藏	1654676	1184741	75048	238211	156676
陕西	44043898	32254460	2432436	4143420	5213582
甘肃	13556405	10102822	348890	1538692	1566001
青海	4213460	2923212	110858	554341	625049
宁夏	4332733	3085909	40786	618723	587315
新疆	12608878	8784170	323587	2224265	1276856

2-9 各地区按控股情况分的房地产开发企业完成投资

单位：万元

地区	总计	国有控股	集体控股	私人控股	港澳台控股	外商控股	其他
全国总计	**1414429455**	**249120470**	**16979572**	**939843024**	**38515614**	**16870079**	**153100696**
北京	39387093	21212918	1116641	14140701	396700	231577	2288556
天津	26085378	9912809	229333	11063514	594490	521284	3763948
河北	46011346	2729937	277266	40353644	243545	200514	2206440
山西	18303640	2663211	198605	13394943	33332	39345	1974204
内蒙古	11764822	1190241	113836	9704317	52453		703975
辽宁	29788629	2346520	220537	21143323	1797704	1006257	3274288
吉林	14607761	2666962	130503	10581896	386459	173190	668751
黑龙江	9829165	2053991	123956	5100973	379112	1784	2169349
上海	46987486	20931454	1100747	15797496	3186209	1225409	4746171
江苏	131712702	24659643	1687559	82856310	6647597	2205965	13655628
浙江	114136556	13339891	1093706	87707663	2662544	1390908	7941844
安徽	70422934	9455014	781800	51235557	448242	192391	8309930
福建	60268029	10635454	130931	45484965	1555797	2310857	150025
江西	23780804	2371149	182417	18105117	631126	97182	2393813
山东	94504902	16889008	2318220	58007483	3152346	452150	13685695
河南	77822869	7146958	616591	57928459	366075	615998	11148788
湖北	48888684	10202843	843630	29311928	772009	632360	7125914
湖南	48804403	5760299	351719	36681826	660636	261083	5088840
广东	173127415	27754143	3028403	100112813	7352716	2613980	32265360
广西	38456156	6545073	329177	29751193	1198809	631904	
海南	13416668	2445039	107276	7408709	861307	111401	2482936
重庆	43519565	8325130	265110	28458278	2181468	563823	3725756
四川	73153072	11751712	558613	51986756	744327	448646	7663018
贵州	34187451	5786952	161236	26626154	385412	14516	1213181
云南	45051875	6890192	123033	30165814	1415618	390357	6066861
西藏	1654676	899619	102048	641645			11364
陕西	44043898	7654709	471991	30615058	139527	501251	4661362
甘肃	13556405	2449080	89122	9911965	21420	5010	1079808
青海	4213460	476055	99203	3163640			474562
宁夏	4332733	249239	10705	3576268	181494	30937	284090
新疆	12608878	1725225	115658	8824616	67140		1876239

2-10 各地区按投资规模分房地产开发企业完成投资

单位：万元

地区	500万元以下	500-1000万元	1000-3000万元	3000-5000万元	5000万-1亿元	1-5亿元	5-10亿元	10亿元及以上
全国总计	**3325**	**59577**	**1002176**	**2477760**	**12422307**	**199254001**	**267932174**	**931278135**
北京		38			17947	400694	832169	38136245
天津				4908	11118	890482	3134306	22044564
河北		2181	37357	129806	793508	16179927	13097686	15770881
山西		2425	49879	107605	428887	4684633	3342544	9687667
内蒙古	708	2459	77103	155309	599161	3196427	2703028	5030627
辽宁	5	1213	37650	55361	297440	5893847	6435153	17067960
吉林		1980	21853	57090	274332	3223785	2829789	8198932
黑龙江	280	3798	31159	81158	425046	2037581	1937941	5312202
上海			295	5151	6379	972149	4280239	41723273
江苏		227	20496	51156	349429	9225963	19417349	102648082
浙江		1479	27038	71327	399603	8569126	18160843	86907140
安徽	288	3228	24158	68704	305194	8606851	17503965	43910546
福建	323	121	16533	36672	186116	5875176	11268848	42884240
江西	400	1285	17721	87369	423061	5563673	6288616	11398679
山东	49	2138	66601	170298	1013444	19182865	25355125	48714382
河南		600	17008	93231	646055	15377188	21166489	40522298
湖北		1260	21067	71304	379237	6923712	7846126	33645978
湖南	311	4121	83140	186003	1120838	10790650	12130079	24489261
广东	45	7943	99711	183949	852890	12968060	20244078	138770739
广西	182	3242	40106	109032	610534	8315308	8649095	20728657
海南			4606	20375	121118	1653388	2851831	8765350
重庆		238	10550	32458	155592	2866346	5704429	34749952
四川		1120	30625	96218	472081	11629162	20992893	39930973
贵州		376	11059	42983	294967	8659950	7641328	17536788
云南		2065	41656	118248	573568	7579390	8338153	28398795
西藏		2935	11747	14560	30745	536375	565580	492734
陕西	385	2259	22244	72343	476744	6313881	7010174	30145868
甘肃		784	42744	56115	316319	3985839	3545383	5609221
青海		520	7467	23050	67539	724113	1020968	2369803
宁夏		500	9077	23339	115332	1251109	1161784	1771592
新疆	349	9042	121526	252638	658083	5176351	2476183	3914706

2-11　各地区按登记注册类型分的房地产开发企业住宅完成投资

单位：万元

地　区	总　计	内　资					
			国　有	集　体	股份合作	国有联营	集体联营
全国总计	**1044457333**	**995615901**	**15271557**	**1038677**	**776519**	**339199**	**8515**
北　京	23170802	22923464	368996		147962		8515
天　津	20847997	20001229	770069				
河　北	37467442	37143511	87305			10157	
山　西	14318037	14251071	84039	1320			
内蒙古	9072288	9020909	35683		7136		
辽　宁	23032331	20726909	243037		8894		
吉　林	10478686	9849490	137443				
黑龙江	7020859	6688601	17997		14515		
上　海	24187856	22822441	1584604	38015			
江　苏	104160315	92986090	2177687	34324	222173	249559	
浙　江	80895724	77871031	167133	8152			
安　徽	56367778	55549402	791319		56950	30195	
福　建	43720977	39215743	119885	600			
江　西	18087561	17291338	150715	6600		2500	
山　东	72963980	68268995	1100344	363781	119892		
河　南	64530033	63651549	694172		19665		
湖　北	37154320	35819755	1124618	6940		22488	
湖　南	36150590	35327788	152213	100			
广　东	119104338	111770739	3170717	453599	59870		
广　西	29835115	28701441	150345	9348	3726		
海　南	9464093	8575166	142950	244			
重　庆	31890503	29788836	628390			24300	
四　川	53301446	52431131	227064	48821	22323		
贵　州	25723421	25419471	219989				
云　南	33175527	32020337	61115				
西　藏	1184741	1184741					
陕　西	32254460	31685974	501389	25319	93413		
甘　肃	10102822	10078860	168122	41514			
青　海	2923212	2923212	43655				
宁　夏	3085909	2895863					
新　疆	8784170	8730814	150562				

2-11 续表 1 单位：万元

地 区	内资						
	国有与集体联营	其他联营	国有独资公司	其他有限责任公司	股份有限公司	私营独资	私营合伙
全国总计	**78476**	**126543**	**43856438**	**509053345**	**11505450**	**5489372**	**566331**
北 京			1956720	17016729	146725	578585	
天 津			1260388	10803307	614996	74043	
河 北			599618	17737566	159441	5920	
山 西			543366	6582067		6186	
内 蒙 古			519323	3690595	144518	2537	14457
辽 宁			181135	10209050	304478	870095	11320
吉 林			634430	4762643	124642	29591	
黑 龙 江			423794	3889610	187742	23399	
上 海			3019427	13051278	215089	61299	
江 苏	68755	2980	4159652	38015850	2003944	796141	226889
浙 江			3234110	36231214	362979	84083	
安 徽	9721	7900	2060037	32944671	570852	233644	45965
福 建		25622	2478197	15320923	106		80900
江 西			433691	7616763	208714	55207	
山 东		25724	3356185	37925599	962768	101143	38511
河 南			1240971	38142304	473006	97751	
湖 北			1282040	19906264	836438	20191	
湖 南			982484	15107654	523274	136575	11579
广 东		64317	2300933	63228998	1655443	1788578	58388
广 西			1883816	15712148	63554		
海 南			616346	5979882	140456	53553	
重 庆			2298723	8046798	497235	46277	
四 川			3063185	29307638	483291	167227	22749
贵 州			1341513	12563466	30764	41929	
云 南			790742	18485105	287791	15794	13961
西 藏			527079	455101		286	8400
陕 西			1328260	16334385	235938	125673	7000
甘 肃			691708	3939667	205569	10231	26212
青 海			55270	1448386	39856	8943	
宁 夏			74299	1260663	5100	868	
新 疆			518996	3337021	20741	53623	

2-11　续表 2　　单位：万元

地　区	内资			港澳台商投资			
	私营有限责任公司	私营股份有限公司	其他内资企业		合资经营	合作经营	独　资
全国总计	**401755909**	**4508745**	**1240825**	**32209944**	**15331875**	**1142586**	**14570177**
北　京	2667342	31890		82913	18416	34231	30266
天　津	6371286	15052	92088	547255	263654	22253	261348
河　北	18466325	77179		172455	105856		63620
山　西	6959389	74704		35235	2860		32375
内蒙古	4505847	100813		51379	51379		
辽　宁	8774609	100904	23387	1519931	676682	12400	830849
吉　林	3990682	170059		433422	19122	177605	236695
黑龙江	2103519	28025		295397	60406		234991
上　海	4547176	305553		857656	424846	3282	391485
江　苏	44568297	326467	133372	7987696	5084753	118349	2566932
浙　江	37643202	140158		1581055	762247	11804	699756
安　徽	18234567	470473	93108	632032	332719		299313
福　建	21187098	2412		2537879	2109015	4572	424292
江　西	8701890	115258		708297	247848		460449
山　东	23852492	249798	172758	3691870	2069053	1890	1548625
河　南	22886431	77684	19565	242836	38831	3500	200505
湖　北	12359490	261286		750334	414800		320554
湖　南	18201208	212701		575686	160849	19518	395319
广　东	37957783	468259	563854	4447341	1224477	645106	2463997
广　西	10825421	53083		618073	181947	13390	422736
海　南	1511292	130443		779607	82312	11306	348447
重　庆	17995017	252096		1725163	396462	54782	1126407
四　川	18828126	260707		473047	134821		338226
贵　州	11101376	120434		282997	43361		239636
云　南	12183448	182381		858363	180179		571496
西　藏	176250	17625					
陕　西	12877390	32714	124493	115964	82603	8598	18174
甘　肃	4954377	23260	18200	19336	19336		
青　海	1318272	8830					
宁　夏	1381895	173038		133369	133369		
新　疆	4624412	25459		53356	9672		43684

2-11 续表 3 单位：万元

地区	港澳台商投资		外商投资					
	股份有限	其他		合资经营	合作经营	独资	股份有限	其他
全国总计	**642472**	**522834**	**16631488**	**6944338**	**537715**	**8402441**	**280127**	**466867**
北京			164425	35109	23329	105987		
天津			299513	72626		116164	107112	3611
河北	2979		151476	3742		147734		
山西			31731			31731		
内蒙古								
辽宁			785491	413274		372217		
吉林			195774	146916		33755		15103
黑龙江			36861	35261		1600		
上海		38043	507759	40589	153302	223568		90300
江苏	4567	213095	3186529	1655508	153192	1279856	76967	21006
浙江	103012	4236	1443638	822014		621624		
安徽			186344	34958		133153		18233
福建			1967355	332229		1635126		
江西			87926	8157		79769		
山东	23938	48364	1003115	808180	16093	162284	5650	10908
河南			635648	51344		584304		
湖北	14980		584231	101538		347491		135202
湖南			247116	160513		60820		25783
广东	1353	112408	2886258	1436341	127134	1231412	81348	10023
广西			515601	187272		310238		18091
海南	337542		109320	18388	4500	4632		81800
重庆	147512		376504	142325		225129	9050	
四川			397268	224107	56358	116803		
贵州			20953	13055	3807	4091		
云南		106688	296827	80096		216731		
西藏								
陕西	6589		452522	88817		326898		36807
甘肃			4626	3526		1100		
青海								
宁夏			56677	28453		28224		
新疆								

2-12　各地区按资质等级分的房地产开发企业住宅完成投资

单位：万元

地　区	总　计	一　级	二　级	三　级	四　级	暂　定	其　他
全国总计	**1044457333**	**27163972**	**103673521**	**101996285**	**92784431**	**584936626**	**133902498**
北　京	23170802	1073776	1261290	492756	6237979	12668814	1436187
天　津	20847997	279630	916082	591556	12083793	4964145	2012791
河　北	37467442	1588677	2894873	4112355	8260964	18491757	2118816
山　西	14318037	361870	1280359	802227	5627269	6030860	215452
内蒙古	9072288	186757	1022517	963290	3231778	2422966	1244980
辽　宁	23032331	493472	1103311	2303870	51286	11758209	7322183
吉　林	10478686	104167	970776	739324	959867	7359817	344735
黑龙江	7020859	113838	767273	2384843	139681	2862976	752248
上　海	24187856	326888	1871166	1054183	21318	19489363	1424938
江　苏	104160315	2285047	21532843	1088494	23369	67478068	11752494
浙　江	80895724	1398836	2519974	7617958	2421907	42891608	24045441
安　徽	56367778	1321048	3605259	4626662	857031	39798972	6158806
福　建	43720977	985535	3079197	3616387	1553960	31009261	3476637
江　西	18087561	318432	690092	1456150	951863	12812810	1858214
山　东	72963980	3594445	6533104	6655158	6051425	40427777	9702071
河　南	64530033	1935950	4235710	3256287	1245923	42818762	11037401
湖　北	37154320	1020348	4194378	2101657	2224456	24608080	3005401
湖　南	36150590	1163417	2617135	6974579	6917937	17141782	1335740
广　东	119104338	1820317	3155902	9107527	13816976	66437938	24765678
广　西	29835115	825546	1790924	2798154	917602	23083034	419855
海　南	9464093	276653	506657	760976	689406	6013516	1216885
重　庆	31890503	2105018	11227362	2057308	44909	15577988	877918
四　川	53301446	1310841	12687701	26873733	139457	9198437	3091277
贵　州	25723421	187443	2752289	2170034	1517347	18328020	768288
云　南	33175527	598413	2554595	1330757	6175354	17078922	5437486
西　藏	1184741	30000	228065	182712	89742	586810	67412
陕　西	32254460	532485	3998731	3029621	5888800	11722028	7082795
甘　肃	10102822	243155	1240772	1422895	2811859	4341016	43125
青　海	2923212	73970	567012	480112	200651	1318481	282986
宁　夏	3085909	351841	894500	256610	335398	1181819	65741
新　疆	8784170	256157	973672	688110	1295124	5032590	538517

2-13 各地区按资质等级分的房地产开发企业90平方米及以下住宅完成投资

单位：万元

地　区	总　计	一　级	二　级	三　级	四　级	暂　定	其　他
全国总计	**204449305**	**5596030**	**21581466**	**19457103**	**18990102**	**110635355**	**28189249**
北　京	13515327	588912	768413	317622	3364882	7653061	822437
天　津	5688446	125643	229498	262473	3190051	1425738	455043
河　北	8446639	594326	615108	956176	1683307	4095320	502402
山　西	2060769	14374	150585	62292	893987	839987	99544
内蒙古	1003080	27019	68607	106662	364631	326985	109176
辽　宁	6590665	153498	384467	623534	22654	3332239	2074273
吉　林	3430449	75026	431665	201094	258893	2290312	173459
黑龙江	2777503	7378	320246	771164	82165	1398227	198323
上　海	10747153	270777	1035729	316034	15481	8432041	677091
江　苏	12036868	310993	2829256	222352		7081755	1592512
浙　江	12323897	146553	470740	1069953	472695	6273610	3890346
安　徽	6129377	113058	751699	747859	77689	3685950	753122
福　建	13782486	564713	1149275	1101748	364051	9596746	1005953
江　西	1767236	102359	73005	103949	129181	1178760	179982
山　东	7523969	229116	538699	676657	798301	4070886	1210310
河　南	14493279	455739	962653	779754	216273	9902253	2176607
湖　北	5168788	139327	909183	399142	230699	3116023	374414
湖　南	2690953	148897	309472	611126	445347	1002897	173214
广　东	30965332	323470	659304	2642128	3280015	15075781	8984634
广　西	5439401	174555	286555	468383	95908	4362615	51385
海　南	2962629	29281	48979	250881	254424	1981408	397656
重　庆	8009268	373251	2991216	547109	26153	3920859	150680
四　川	11229755	340232	3196881	4975833	13910	2093106	609793
贵　州	3217554	23329	467139	244509	217898	2173678	91001
云　南	5631410	56560	646956	202734	1289661	2940803	494696
西　藏	199697	8200	60745	40723	20261	69768	
陕　西	3774557	142658	794240	467818	619154	974524	776163
甘　肃	1109094	13987	169572	157252	278364	481069	8850
青　海	438809	5147	84292	62003	39763	201166	46438
宁　夏	120519	10001	67536	8825	10415	17386	6356
新　疆	1174396	27651	109751	59314	233889	640402	103389

2-14　各地区按资质等级分的房地产开发企业144平方米以上住宅完成投资

单位：万元

地　区	总　计	一　级	二　级	三　级	四　级	暂　定	其　他
全国总计	**165841540**	**4981775**	**20267787**	**16656908**	**15974819**	**86936729**	**21023522**
北　京	3504802	128597	140618	118945	1009162	1986341	121139
天　津	2647511	104228	128970	79919	1918940	355348	60106
河　北	4392253	170777	414579	407678	699500	2473565	226154
山　西	2837451	97811	305923	123535	1006185	1280283	23714
内蒙古	1988696	30199	208704	278535	812713	376926	281619
辽　宁	3668641	109504	161022	413048	2686	1951564	1030817
吉　林	1203913	2700	140304	90619	81161	870603	18526
黑龙江	694340	8884	145135	281235	7457	193482	58147
上　海	3480065	19103	287838	179226		2823985	169913
江　苏	20882554	347523	5915447	416650	23109	12026805	2153020
浙　江	15138114	314653	549753	1424085	557305	7592869	4699449
安　徽	5336270	100272	372518	444202	98275	3853756	467247
福　建	5197632	33972	289463	369830	175238	4043683	285446
江　西	2403404	37264	168206	348788	95964	1547353	205829
山　东	17451154	938440	1889034	1339813	1344840	9730193	2208834
河　南	8720365	293429	661769	456153	218270	5305403	1785341
湖　北	4143154	140621	614178	188689	241597	2479298	478771
湖　南	7714447	168570	733230	1501546	1528705	3519903	262493
广　东	14741345	431053	617963	1608621	2238076	7384884	2460748
广　西	3126754	109254	232528	311552	135618	2313845	23957
海　南	1123694	57949	162584	57399	39781	668103	137878
重　庆	4371654	462847	1769540	322082	1620	1747630	67935
四　川	7400324	254109	1676090	3881038	7192	1008049	573846
贵　州	3787796	72753	605438	350106	190213	2494359	74927
云　南	9496118	305577	649130	592950	1932004	4645123	1371334
西　藏	227548	13500	61835	55434	32988	48911	14880
陕　西	6597982	56336	711895	561775	1040024	2652471	1575481
甘　肃	1006158	26601	193719	199917	270248	313388	2285
青　海	688492	20943	102728	83874	53790	323739	103418
宁　夏	558124	58999	174725	42524	41552	220758	19566
新　疆	1310785	65307	182921	127140	170606	704109	60702

2-15 各地区按登记注册类型分的房地产开发企业办公楼完成投资

单位：万元

地 区	总 计	内 资					
			国 有	集 体	股份合作	国有联营	集体联营
全国总计	**64941019**	**58904640**	**1833706**	**39842**	**108769**	**6569**	
北 京	3134256	2969101		8362			
天 津	502405	420964	652				
河 北	1167161	1109501					
山 西	402935	402922	60				
内蒙古	77010	77010			637		
辽 宁	406327	336887	21300				
吉 林	705208	607524					
黑龙江	175747	175747					
上 海	8330814	6624266	300444				
江 苏	3790765	3174776	113620			4923	
浙 江	4797417	4402939	2369				
安 徽	1452056	1431450	35053		29828		
福 建	2145612	2043304	3038				
江 西	986064	974949					
山 东	4259616	3934801	65705	7130			
河 南	2084986	2024238	17206				
湖 北	2715660	2508751	104433	140	78303	1046	
湖 南	1753037	1724111	3901				
广 东	15232932	13651069	739842	19380	1		
广 西	713880	639183	2190				
海 南	707862	687501	173336	1590			
重 庆	895405	777779				600	
四 川	2967185	2830978	6702				
贵 州	674647	661712					
云 南	1530427	1439306	13654				
西 藏	75048	75048					
陕 西	2432436	2374702	205690	3240			
甘 肃	348890	348890	17861				
青 海	110858	110858	6650				
宁 夏	40786	40786					
新 疆	323587	323587					

2-15　续表 1　　单位：万元

地　区	内　资						
	国有与集体联　营	其他联营	国有独资公　司	其他有限责任公司	股份有限公　司	私营独资	私营合伙
全国总计	**146069**	**912**	**4191871**	**32430087**	**1470122**	**161189**	**10029**
北　京			366821	2183761	38683		
天　津			42398	206766	4823		
河　北				544252	864		
山　西			29847	237853			
内 蒙 古			160	14596	100		1129
辽　宁			17827	133778	8345	7097	
吉　林			2515	235582	122551		
黑 龙 江				130395	1062		
上　海			820616	4044928	102908	2766	20
江　苏		205	131239	1360046	36654	3195	
浙　江			177630	1761331	7320		7610
安　徽			39335	857644	83968	8598	160
福　建			253916	596180			
江　西			101393	613886	8770		
山　东			625723	2143961	17811	5110	115
河　南			4071	1628358	26534	4288	
湖　北	146069		158283	1224779	136556		
湖　南			74386	1024955	511	717	230
广　东		707	705032	7205724	786816	114971	385
广　西			67384	411539	5170		
海　南			26574	310723	22778		
重　庆			83321	368497	10478		
四　川			207353	1880300	35153	8968	
贵　州			97486	293003	20		
云　南			60203	1073305	2041		
西　藏			3780	59596			
陕　西			47970	1520096	4670	5479	
甘　肃			14400	152364	4946		
青　海			9204	63829	324		380
宁　夏			131	14492			
新　疆			22873	133568	266		

2-15 续表 2

单位：万元

地　区	内资			港澳台商投资			
	私营有限责任公司	私营股份有限公司	其他内资企业		合资经营	合作经营	独资
全国总计	**18106071**	**185725**	**213679**	**4528502**	**1778180**	**125410**	**2427552**
北　京	371474			135084	11997	8499	
天　津	166325			73755	63892		9863
河　北	564219	166		9492	9492		
山　西	135162			13	13		
内蒙古	59203	1185					
辽　宁	147562	978		43488	3259		40229
吉　林	243097	3779		92751		5083	87668
黑龙江	44290						
上　海	1303149	49435		1276817	605268		671549
江　苏	1455930	68964		505902	339763		115783
浙　江	2441096	5583		252828	63772	2516	186540
安　徽	368967	305	7592	19180	17989		1191
福　建	1189910	260		55946	27103		28843
江　西	247991	2909		11115	10530		585
山　东	1052983	16263		286370	206846	1390	78134
河　南	340133	3618	30	59003	41819	9475	7709
湖　北	658148	994		125996	24959		101037
湖　南	617151	2260		24319	4600		19719
广　东	3983655	4242	90314	1203416	315380	23456	832164
广　西	152900			47621	2117		45504
海　南	152420	80		20361	10038		10323
重　庆	305774	9109		70086	752	25570	43764
四　川	689215	3287		127549	18591	49421	59537
贵　州	270706	497		7661			7661
云　南	290089	14		58370			58370
西　藏	11672						
陕　西	471814		115743	21379			21379
甘　肃	152422	6897					
青　海	30471						
宁　夏	26075	88					
新　疆	162068	4812					

2-15　续表 3　　　　　　　　　　　　　　　　　　　　　　　　　　　　　　单位：万元

地　　区	港澳台商投资		外商投资					
	股份有限	其　他		合资经营	合作经营	独　资	股份有限	其　他
全国总计	**39709**	**157651**	**1507877**	**826667**	**58855**	**585697**	**12308**	**24350**
北　　京		114588	30071	27060		3011		
天　　津			7686			973	6713	
河　　北			48168	4150		44018		
山　　西								
内 蒙 古								
辽　　宁			25952	17825		8127		
吉　　林			4933			4933		
黑 龙 江								
上　　海			429731	271436	46229	112066		
江　　苏	10595	39761	110087	60760	12107	36364		856
浙　　江			141650	55702		80353	5595	
安　　徽			1426			355		1071
福　　建			46362	33606		12756		
江　　西								
山　　东			38445	19784		17468		1193
河　　南			1745	426		1319		
湖　　北			80913	34989		45924		
湖　　南			4607	4607				
广　　东	29114	3302	378447	246484	519	115116		16328
广　　西			27076	245		26831		
海　　南								
重　　庆			47540	22760		24780		
四　　川			8658			8658		
贵　　州			5274	5274				
云　　南			32751	7521		25230		
西　　藏								
陕　　西			36355	14038		17415		4902
甘　　肃								
青　　海								
宁　　夏								
新　　疆								

2-16 各地区按资质等级分的房地产开发企业办公楼完成投资

单位：万元

地区	总计	一级	二级	三级	四级	暂定	其他
全国总计	**64941019**	**1670030**	**6012231**	**5396688**	**6466289**	**31509679**	**13886102**
北京	3134256	19177	66652	88782	1251498	1266247	441900
天津	502405	8296	32232	4823	386556	47980	22518
河北	1167161	64373	46441	174805	247886	565217	68439
山西	402935	59941	8531	9758	173856	150828	21
内蒙古	77010	1053	6761	3236	27954	28927	9079
辽宁	406327	465	28170	37225	500	242926	97041
吉林	705208		227014	36403	37052	404739	
黑龙江	175747		6084	57292	577	92239	19555
上海	8330814	39991	252942	192568		5955123	1890190
江苏	3790765	57005	1026246	83975		1977132	646407
浙江	4797417	80799	239497	473452	52675	2387180	1563814
安徽	1452056	24008	110444	123520	2318	981638	210128
福建	2145612	26471	502958	244603	260569	937245	173766
江西	986064	4533	17853	33796	8183	729006	192693
山东	4259616	313168	512950	292296	161100	2365671	614431
河南	2084986	197698	194772	106772	6668	1220665	358411
湖北	2715660	70289	561324	82516	25982	1893499	82050
湖南	1753037	16948	60351	338720	366771	961816	8431
广东	15232932	369620	169546	1067498	2227578	5198080	6200610
广西	713880	806	20842	65637	23216	595244	8135
海南	707862		39743	57786	596	527337	82400
重庆	895405	35950	412826	54189	200	369953	22287
四川	2967185	152627	666761	1560947	3752	279978	303120
贵州	674647		315997	15929	12927	301006	28788
云南	1530427	71449	162999	17202	169211	889665	219901
西藏	75048		11397	3764	796	59091	
陕西	2432436	48727	199347	76911	795649	757657	554145
甘肃	348890	5627	66433	58569	114383	102543	1335
青海	110858		28632	17503	1691	14528	48504
宁夏	40786	1009	4599	6611	14115	14302	150
新疆	323587		11887	9600	92030	192217	17853

2-17　各地区按登记注册类型分的房地产开发企业商业营业用房完成投资

单位：万元

地　区	总　计	内　资					
			国　有	集　体	股份合作	国有联营	集体联营
全国总计	**130760629**	**122231437**	**1669936**	**120624**	**173160**	**24705**	**630**
北　京	2376227	2281258	11271	2578	316		630
天　津	1752936	1522964	21855	3174			
河　北	3421416	3386910	4965			701	
山　西	1486123	1479959	5495				
内蒙古	1180959	1180335	12129		1556		
辽　宁	3151523	2773472	12869		459		
吉　林	1653191	1589364	2990				
黑龙江	1544899	1468326	7095		3536		
上　海	5598510	4435516	187651	710			
江　苏	10197410	8863287	300315	2633	1086	5597	
浙　江	8022193	7203743	2895	4010			
安　徽	7016767	6813761	106749		23050	1150	
福　建	4819563	4496124	13060				
江　西	3168866	3130442	14185			157	
山　东	7957121	7631904	87188	19617	60752		
河　南	6392904	6355982	3276		2999		
湖　北	4472161	4115046	108247	23320	67954		
湖　南	6052384	5843019	7032	100			
广　东	14685560	13315684	552203	29222	8798		
广　西	2875913	2679668	4501	298	210		
海　南	1656580	1616696	26818	5049			
重　庆	4461937	4036910	42821			17100	
四　川	8286693	7982808	22048	8459	1444		
贵　州	4266016	4191452	7338				
云　南	4945125	4660766	4096				
西　藏	238211	238211					
陕　西	4143420	4035362	41314	16146	1000		
甘　肃	1538692	1535550	43232	5308			
青　海	554341	554341	5661				
宁　夏	618723	589474					
新　疆	2224265	2223103	10637				

2-17 续表 1

单位：万元

地区	内资						
	国有与集体联营	其他联营	国有独资公司	其他有限责任公司	股份有限公司	私营独资	私营合伙
全国总计	**33510**	**17341**	**4797635**	**58024170**	**1940153**	**538103**	**25687**
北京			224900	1564475	49615	2948	
天津			115208	743716	32112		
河北			28484	1707076	29890		
山西			46252	544072		702	
内蒙古			21132	560342	20349	8130	235
辽宁			55446	1234599	41138	122113	926
吉林			113076	542894	38396	10704	
黑龙江			50770	937247	20977	2947	
上海			364490	2607059	144929		
江苏	9292	1090	382841	3453280	279700	77850	120
浙江			235237	2990087	32426	1236	
安徽		3600	151044	3822172	105679	22816	2160
福建		5887	189144	1530046			1400
江西			165042	1288788	135122	879	
山东		500	387599	3798277	173044	12321	3414
河南			41531	3600631	64858	1550	
湖北	24218		157916	2021313	61167	4071	
湖南			157436	2286345	20403	16000	8765
广东		6264	315058	6993705	280072	211086	5807
广西			97127	1310216	9005		
海南			98348	975467	51224		
重庆			174123	1132059	70663	2103	
四川			468586	4391266	113755	6710	230
贵州			312694	1897729	403	2900	
云南			99943	2321366	72045	2733	
西藏			74534	88858		607	
陕西			95479	1916081	24530	20091	1000
甘肃			59558	549271	55724	169	
青海			6040	288179	601	1016	1630
宁夏			17210	146238	4800		
新疆			91387	781316	7526	6421	

2-17　续表 2

单位：万元

地　　区	内　　资			港澳台商投资			
	私营有限责任公司	私营股份有限公司	其他内资企　　业		合资经营	合作经营	独　资
全国总计	**54083871**	**707679**	**74233**	**5976222**	**2660373**	**263174**	**2861975**
北　　京	418697	5828		62274	3805	4213	6535
天　　津	596896	1857	8146	103589	54760	30716	18113
河　　北	1614132	1662		32533	31727		550
山　　西	880759	2679		1662	1194		468
内 蒙 古	533304	23158		624	624		
辽　　宁	1286953	17465	1504	207968	77066	16700	114202
吉　　林	870690	10614		40293	3421	33621	3251
黑 龙 江	444188	1566		62742	6874		55868
上　　海	1114422	16255		808615	433842	1	374772
江　　苏	4256141	91547	1795	1112914	681267	17695	317790
浙　　江	3928787	9065		478198	146350	419	330560
安　　徽	2405974	151592	17775	177373	125767		51606
福　　建	2756266	321		149237	110012	942	38283
江　　西	1508218	18051		26992	8540		17824
山　　东	3040182	34718	14292	226486	94955	665	114869
河　　南	2625256	15106	775	20231	900	1655	17676
湖　　北	1614885	31955		270179	121688		146677
湖　　南	3313945	32993		135749	75222		60527
广　　东	4828689	54834	29946	969485	372832	42748	541360
广　　西	1258068	243		124338	28198	67094	29046
海　　南	415530	44260		31233	9270	2100	19613
重　　庆	2578775	19266		348967	74583	15220	250021
四　　川	2928580	41730		258203	63977	28880	165346
贵　　州	1961127	9261		69034			69034
云　　南	2141128	19455		170323	100726		64382
西　　藏	68337	5875					
陕　　西	1919221	500		56509	3464	505	52440
甘　　肃	816977	5311		2082	2082		
青　　海	236950	14264					
宁　　夏	408630	12596		27227	27227		
新　　疆	1312164	13652		1162			1162

2-17 续表 3

单位：万元

地区	港澳台商投资		外商投资					
	股份有限	其他		合资经营	合作经营	独资	股份有限	其他
全国总计	**31514**	**159186**	**2552970**	**1091186**	**140091**	**1273891**	**23425**	**24377**
北京		47721	32695	23422	1193	8080		
天津			126383	1197		117028	8046	112
河北	256		1973	1775		198		
山西			4502			4502		
内蒙古								
辽宁			170083	112556		57527		
吉林			23534	10504		11980		1050
黑龙江			13831	13801		30		
上海			354379	189421	54529	110429		
江苏	12708	83454	221209	148982	24998	43932	3297	
浙江	449	420	340252	139219		200371	662	
安徽			25633	9378		15655		600
福建			174202	18627		155575		
江西	628		11432	556		10876		
山东	623	15374	98731	75687		22394	650	
河南			16691	11035		5656		
湖北	1814		86936	23098		44933		18905
湖南			73616	28587	39891	4338		800
广东	5543	7002	400391	166350	13067	208641	10770	1563
广西			71907	12087		59820		
海南	250		8651	1722	929	5000		1000
重庆	9143		76060	5567	1874	68619		
四川			45682	20882	3193	21607		
贵州			5530	4748	417	365		
云南		5215	114036	41647		72389		
西藏								
陕西	100		51549	29638		21564		347
甘肃			1060			1060		
青海								
宁夏			2022	700		1322		
新疆								

2-18　各地区按资质等级分的房地产开发企业商业营业用房完成投资

单位：万元

地　区	总　计	一　级	二　级	三　级	四　级	暂　定	其　他
全国总计	**130760629**	**3229922**	**14293688**	**13853495**	**12771229**	**69590631**	**17021664**
北　京	2376227	71198	50567	43842	911329	1262973	36318
天　津	1752936	21917	80730	32364	998283	452670	166972
河　北	3421416	249612	173628	363267	892964	1612239	129706
山　西	1486123	79312	156731	77803	587618	573032	11627
内蒙古	1180959	6805	76199	187930	611253	191079	107693
辽　宁	3151523	33671	162705	302566	8532	1613283	1030766
吉　林	1653191	1269	181376	154064	145292	1150808	20382
黑龙江	1544899	1017	130550	600661	26649	623379	162643
上　海	5598510	14786	339268	91244		4098068	1055144
江　苏	10197410	165928	2537132	236970	1313	5702807	1553260
浙　江	8022193	123463	353648	934866	278975	3572163	2759078
安　徽	7016767	110593	446809	577207	149736	4863270	869152
福　建	4819563	109023	357556	456011	242155	3326166	328652
江　西	3168866	40108	194036	206856	206207	1975003	546656
山　东	7957121	451799	853825	621763	538169	4550768	940797
河　南	6392904	218318	460802	353230	110716	4360371	889467
湖　北	4472161	119303	440771	248258	286634	3066664	310531
湖　南	6052384	220728	352309	1030931	1310135	2929966	208315
广　东	14685560	244123	343317	1226413	2218695	7592008	3061004
广　西	2875913	68752	136648	252067	110218	2275692	32536
海　南	1656580	3950	82229	164863	72958	1129053	203527
重　庆	4461937	184907	2015276	324566	1375	1885424	50389
四　川	8286693	361915	2025930	3902393	34468	1268384	693603
贵　州	4266016	20530	709927	401462	208603	2795485	130009
云　南	4945125	94815	320884	174518	1224144	2450035	680729
西　藏	238211		50503	28238	17199	137513	4758
陕　西	4143420	52469	484513	325397	817665	1661093	802283
甘　肃	1538692	66151	292454	202608	367148	599339	10992
青　海	554341	18520	120411	100196	30455	195947	88812
宁　夏	618723	46106	183400	52463	53527	265433	17794
新　疆	2224265	28834	179554	178478	308814	1410516	118069

2-19 各地区按资质等级分的房地产开发企业本年新增固定资产

单位：万元

地 区	总 计	一 级	二 级	三 级	四 级	暂 定	其 他
全国总计	**429704707**	**16663901**	**66081710**	**67151707**	**46517698**	**194690207**	**38599484**
北 京	11286845	396397	693999	141842	4431499	5292595	330513
天 津	9330708	119976	368789	428955	5994366	1971364	447258
河 北	8796409	279668	1255274	1367292	2869204	2645096	379875
山 西	4210324	240309	778670	514276	1423329	1235475	18265
内蒙古	2849446	183906	237139	632904	1277026	396417	122054
辽 宁	8096996	104464	894319	1890371	51132	4078056	1078654
吉 林	3264544		687285	418090	444120	1651768	63281
黑龙江	4038610		926680	2098172	135719	613180	264859
上 海	19463576	176644	1359480	886505	104802	15923111	1013034
江 苏	66962041	2045635	21018799	2337353	2300	35059603	6498351
浙 江	40138805	1553461	1849256	7968444	1977751	18167584	8622309
安 徽	21783612	331317	2298322	3970491	432893	12465824	2284765
福 建	17556273	181413	2861758	5034591	1233409	6948167	1296935
江 西	8511116	57812	453882	1500866	1448554	4416716	633286
山 东	32011219	1957820	3355741	4519744	4661810	14754188	2761916
河 南	17182298	791192	1854205	1070444	561526	10547130	2357801
湖 北	12418299	1048325	1636150	1075515	1100535	7150644	407130
湖 南	13975099	1127031	1619229	4410340	3551684	3021892	244923
广 东	46579787	853877	2239805	7882526	8491830	20334186	6777563
广 西	9952491	488960	1011108	1831486	333861	6173068	114008
海 南	4679716	68560	320168	1022512	310624	2648932	308920
重 庆	19494015	2045926	8972535	1146470	38833	7126667	163584
四 川	20180891	857456	3843592	11830546	32047	3058070	559180
贵 州	3603454	59272	996001	321611	156330	2060890	9350
云 南	7120094	427136	972977	524243	2303227	2498971	393540
西 藏	127298	185	43534	13038	20898	49643	
陕 西	6768855	243728	1274342	1079893	1459622	1459428	1251842
甘 肃	3202376	468330	664527	524389	635077	901970	8083
青 海	676877	23000	188536	58410	121307	201741	83883
宁 夏	2704779	416108	1227194	265800	324839	423017	47821
新 疆	2737854	115993	178414	384588	587544	1414814	56501

2-20　各地区房地产开发企业实际到位资金情况

单位：万元

地　区	本年实际到位资金合计	上年末结余资金	本年实际到位资金	国内贷款	银行贷款	非银行金融机构贷款
全国总计	**2653457903**	**722309358**	**1931148545**	**266759426**	**224722512**	**42036914**
北　京	99109875	40900652	58209223	14231469	11496971	2734498
天　津	67961559	28540566	39420993	7585351	6077472	1507879
河　北	72610933	17209734	55401199	5143934	4393050	750884
山　西	29582357	6929325	22653032	1080147	905513	174634
内蒙古	20074191	4464117	15610074	691529	548861	142668
辽　宁	54985504	16646779	38338725	3828488	3178158	650330
吉　林	22899064	5730540	17168524	832712	792327	40385
黑龙江	15472105	3524567	11947538	612110	503098	109012
上　海	90275181	35113752	55161429	13459226	12836420	622806
江　苏	302237507	68255095	233982412	38429627	32631733	5797894
浙　江	266715367	70126470	196588897	34289940	29285019	5004921
安　徽	123510864	33990929	89519935	8930567	6701983	2228584
福　建	95790976	22240721	73550255	7537496	6143328	1394168
江　西	49013305	11234496	37778809	3759022	3189884	569138
山　东	174373257	45582075	128791182	17183322	13257997	3925325
河　南	103382484	22791550	80590934	5597782	4971532	626250
湖　北	88291627	28815607	59476020	7664272	6274637	1389635
湖　南	81344095	19955446	61388649	6964800	6153363	811437
广　东	382144314	118755626	263388688	47996928	43218569	4778359
广　西	65419919	15626891	49793028	6807497	5107797	1699700
海　南	26248549	8642072	17606477	1811149	1691231	119918
重　庆	75973485	18168961	57804524	10191429	7210551	2980878
四　川	126735185	25003475	101731710	11443323	9119463	2323860
贵　州	43395977	13778207	29617770	1140190	885972	254218
云　南	56441554	15580857	40860697	2949656	2448613	501043
西　藏	1999953	456480	1543473	236760	235060	1700
陕　西	66492210	13948621	52543589	3223738	2748489	475249
甘　肃	17083768	4189586	12894182	1503103	1378150	124953
青　海	5678305	1020907	4657398	310370	242889	67481
宁　夏	8259664	1176884	7082780	520060	390774	129286
新　疆	19954769	3908370	16046399	803429	703608	99821

2-20 续表

单位：万元

地 区	利用外资	自筹资金	定金及预收款	个人按揭贷款	其他到位资金	本年各项应付款合计	#工程款
全国总计	**1920032**	**633766484**	**665468323**	**299758123**	**63476157**	**477938057**	**268375753**
北 京	23543	14065333	24508904	3365149	2014825	4975642	2281117
天 津		10431059	16502806	3394774	1507003	9711783	3820939
河 北	211	27221260	14651792	7470156	913846	14577415	7400352
山 西	40000	9989721	7599918	3222349	720897	3814181	2541675
内蒙古		6510535	5333944	2520543	553523	4356513	2433780
辽 宁	80431	13717563	14066826	5901178	744239	10399627	6250503
吉 林	30	9905290	3682026	2172455	576011	3919207	2221103
黑龙江	7184	6433242	2627006	1810891	457105	2885042	1701245
上 海	57575	19754972	17294200	2750363	1845093	9611169	5082511
江 苏	410913	52173690	92533447	40725016	9709719	61300739	32231588
浙 江	396817	54896891	78575172	24218796	4211281	30121170	17441951
安 徽	45900	24200758	31078505	21550324	3713881	25378952	15137073
福 建	72304	31734600	19013303	11388623	3803929	15473285	8453854
江 西	14437	9055657	13177959	11185793	585941	10150752	6558803
山 东	369561	41301016	47561776	18720610	3654897	32046206	18360986
河 南	4000	46441837	18880783	8981747	684785	20228516	10621655
湖 北	21115	20393121	19511940	9278823	2606749	17081431	9917253
湖 南		20658552	19162614	12694818	1907865	17386085	11600108
广 东	130464	83703583	84853091	39393186	7311436	56711219	30693859
广 西	2427	13432206	16724195	10104398	2722305	16527987	9529604
海 南		7531801	6278134	881930	1103463	7746475	3007233
重 庆		13109787	20926087	9715374	3861847	19839063	10333346
四 川	56000	32913681	38742811	17610064	965831	26365658	14910839
贵 州		10499967	8540873	8509840	926900	12352830	7920152
云 南	187097	11971566	13797627	9742383	2212368	15735722	9651418
西 藏		878768	219731	118914	89300	622027	319683
陕 西		25719505	15226519	5555985	2817842	14400965	8706963
甘 肃		5466662	3504342	2221201	198874	6809571	4620894
青 海		1705744	1914924	557285	169075	1246220	691983
宁 夏		1149949	3836063	1370127	206581	1482328	1052166
新 疆	23	6798168	5141005	2625028	678746	4680277	2881117

2-21　各地区按登记注册类型分的房地产开发企业本年实际到位资金

单位：万元

地　　区	总　计	内　资					
			国　有	集　体	股份合作	国有联营	集体联营
全国总计	**1931148545**	**1820499612**	**30107953**	**1895568**	**1262685**	**835074**	**12475**
北　　京	58209223	55906497	413366	45000	114589	10065	12475
天　　津	39420993	37176370	1528014	3720			
河　　北	55401199	54828735	78203			14210	
山　　西	22653032	22538930	364054	10000			
内 蒙 古	15610074	15295429	62735		10352		
辽　　宁	38338725	34313276	303989	227	9738		
吉　　林	17168524	16419395	87682				
黑 龙 江	11947538	11511197	33291		39794		
上　　海	55161429	49076283	2966585	100658			
江　　苏	233982412	207637381	5242990	60451	296254	295203	
浙　　江	196588897	188259489	264199	12277			
安　　徽	89519935	87936729	1942061		64391	227300	
福　　建	73550255	66914693	174891	1030			
江　　西	37778809	36642297	344908	11700		72813	
山　　东	128791182	119647278	1625182	613406	184452		
河　　南	80590934	79528301	747168		20292		
湖　　北	59476020	57391493	2014354	31460	165864	37536	
湖　　南	61388649	59846935	272375	100	340		
广　　东	263388688	241943099	7031740	867143	186639		
广　　西	49793028	47251894	236911	4722	4578		
海　　南	17606477	16417615	632851	10647			
重　　庆	57804524	53428079	1712899			177947	
四　　川	101731710	99343726	424535	43264	68409		
贵　　州	29617770	29373629	150516				
云　　南	40860697	38890767	49025				
西　　藏	1543473	1543473	17227				
陕　　西	52543589	51410518	887075	38505	96993		
甘　　肃	12894182	12879170	284507	41258			
青　　海	4657398	4657398	15657				
宁　　夏	7082780	6561255					
新　　疆	16046399	15928281	198963				

2-21 续表 1

单位：万元

地区	内资						
	国有与集体联营	其他联营	国有独资公司	其他有限责任公司	股份有限公司	私营独资	私营合伙
全国总计	**609721**	**120473**	**77292571**	**948655902**	**24088849**	**10801312**	**1279896**
北京			2437287	45361845	658761	226478	
天津			2995630	20385254	1150239	250535	
河北			649372	27614015	331492	7586	
山西			677053	10605830	448	8180	
内蒙古			681436	6763322	207833	9760	123358
辽宁			409918	16686941	501377	1574911	13656
吉林			646394	8075118	266901	33420	
黑龙江			506327	7448156	280864	29516	
上海			5195111	29392400	366336	105800	20
江苏	420000	3568	9888498	84155905	4619677	2511778	538044
浙江			6641938	90185055	284060	264539	14450
安徽	9721	6500	2692892	52583301	915639	476046	53750
福建		14051	4337201	25506614	152224		62550
江西			1541151	16193916	539464	109516	
山东		50233	7168782	67980531	1457726	244982	60670
河南			1216289	47692612	679156	123609	
湖北	180000		1536140	33239324	1610813	35450	
湖南			1810658	26773728	570465	191992	22300
广东		46121	4943155	139755860	5848099	3803853	300289
广西			2774201	27764516	89969		
海南			1196256	11415670	323943	47176	15000
重庆			4092382	12929678	1333698	105025	
四川			6946855	58468009	930175	292895	39960
贵州			1447311	14086280	42455	31985	
云南			928413	21721984	348694	15000	7820
西藏			638644	548093		965	4000
陕西			1887114	27641603	333516	162521	8000
甘肃			519459	4667175	147969	39256	15174
青海			46969	2792186	47006	18143	855
宁夏			184170	3055439	16548	22062	
新疆			655565	7165542	33302	58333	

2-21　续表 2　　　　单位：万元

地　　区	内资			港澳台商投资			
	私营有限责任公司	私营股份有限公司	其他内资企业		合资经营	合作经营	独资
全国总计	**713047453**	**8589877**	**1899803**	**75340401**	**33359807**	**3189536**	**34791104**
北　京	6214900	411731		1928793	173916	164275	909918
天　津	10785230	25158	52590	1298381	797907		500474
河　北	25979356	154501		345104	200998		137379
山　西	10788886	84479		40688	2163		38525
内蒙古	7272967	163666		314645	314645		
辽　宁	14082898	673412	56209	2883771	1282164	23980	1577627
吉　林	7072135	237745		533754	28656	205428	299670
黑龙江	3153157	20092		372956	79150		293806
上　海	10115306	834067		4079830	2173246	58772	1812070
江　苏	98514083	914347	176583	19540033	11581675	251795	6561798
浙　江	90224605	368366		4585961	2523280	44434	1869450
安　徽	28037593	782626	144909	1277670	752114		525556
福　建	36657628	8504		3595011	2795638	9978	789395
江　西	17644953	183876		1027516	579134	1960	446226
山　东	39559533	492628	209153	6937811	3927834	2568	2450907
河　南	28871951	112458	64766	414623	80172	15715	318736
湖　北	18108851	431701		1157737	650361		496001
湖　南	29882500	322477		1068519	162013	30773	875733
广　东	77745619	476505	938076	13516093	3108900	2068074	7974342
广　西	16338483	38514		1317033	196609	91753	1028671
海　南	2659037	117035		1117454	86106	6710	557646
重　庆	32687494	388956		3701755	599268	121310	2828569
四　川	31815502	314122		1666426	451437	77814	1137175
贵　州	13465726	149356		201191	93205		107986
云　南	15632569	187262		1629358	202654		1015915
西　藏	317444	17100					
陕　西	20062266	56408	236517	301129	132233	14197	134699
甘　肃	7107612	35760	21000	10002	10002		
青　海	1719153	17429					
宁　夏	2762841	520195		359039	359039		
新　疆	7767175	49401		118118	15288		102830

2-21 续表 3

单位：万元

地区	港澳台商投资		外商投资					
	股份有限	其他		合资经营	合作经营	独资	股份有限	其他
全国总计	**1429417**	**2570537**	**35308532**	**14975686**	**2136950**	**16609353**	**882965**	**703578**
北京		680684	373933	161106	156734	56093		
天津			946242	24232		323255	517429	81326
河北	6727		227360	25617		201743		
山西			73414			73414		
内蒙古								
辽宁			1141678	653742		487936		
吉林			215375	126130		36473		52772
黑龙江			63385	62014		1371		
上海	473	35269	2005316	477651	1139528	382957		5180
江苏	219463	925302	6804998	3498735	399553	2737474	122301	46935
浙江	135267	13530	3743447	1889976		1846871	6600	
安徽			305536	73964		196770		34802
福建			3040551	764066		2276485		
江西	196		108996	610		108386		
山东	231448	325054	2206093	1670533		371777	48758	115025
河南			648010	56414		591596		
湖北	11375		926790	239775		473700		213315
湖南			473195	268378	35612	145205		24000
广东	184868	179909	7929496	3293767	244517	4145738	177966	67508
广西			1224101	608948		591031		24122
海南	466992		71408	45987	421	13000		12000
重庆	152608		674690	238813	3350	422616	9911	
四川			721558	264395	150000	307163		
贵州			42950	28935	7235	6780		
云南		410789	340572	173165		167407		
西藏								
陕西	20000		831942	210547		594802		26593
甘肃			5010			5010		
青海								
宁夏			162486	118186		44300		
新疆								

2-22　各地区按资质等级分的房地产开发企业本年实际到位资金

单位：万元

地　区	总　计	一　级	二　级	三　级	四　级	暂　定	其　他
全国总计	**1931148545**	**55792730**	**200742761**	**189919509**	**169336746**	**1053055985**	**262300814**
北　京	58209223	2783291	3016490	2203959	19369329	29369817	1466337
天　津	39420993	389659	2750662	2376851	20670812	8589058	4643951
河　北	55401199	2433841	4429368	5752965	12848658	27246676	2689691
山　西	22653032	640760	2015952	1406383	8705372	9734759	149806
内蒙古	15610074	366777	1478138	1513059	6017591	4415063	1819446
辽　宁	38338725	797403	1724738	4878103	98344	18882928	11957209
吉　林	17168524	459963	1747668	1141619	1348511	11992130	478633
黑龙江	11947538	161905	1235375	3897473	180890	5336146	1135749
上　海	55161429	777171	4209224	2563427		41912107	5699500
江　苏	233982412	4945695	47531189	2311631	145091	151366456	27682350
浙　江	196588897	3001513	6198830	17573819	5730567	103049619	61034549
安　徽	89519935	2290931	5195110	6935077	1182862	64341666	9574289
福　建	73550255	2235397	6633387	7846983	2515131	48291546	6027811
江　西	37778809	397050	1895317	2644160	2080479	26171383	4590420
山　东	128791182	8799482	11786281	10551907	8766040	73034788	15852684
河　南	80590934	2740908	6016745	3947519	1530145	53653316	12702301
湖　北	59476020	1501050	6065927	3073277	3253480	40675790	4906496
湖　南	61388649	1730610	4960693	11838329	11560154	29431898	1866965
广　东	263388688	6671196	9491917	24868807	33038919	134228826	55089023
广　西	49793028	1056927	3641204	4389655	1545185	38562266	597791
海　南	17606477	209875	848763	2329864	1189836	10666612	2361527
重　庆	57804524	4774706	22510944	2881189	114722	24907363	2615600
四　川	101731710	2870892	24458198	50187792	193083	17072627	6949118
贵　州	29617770	374576	3549545	3052130	1873274	19622673	1145572
云　南	40860697	727991	3725926	1394082	8016272	21222750	5773676
西　藏	1543473	30000	130531	262188	142236	915617	62901
陕　西	52543589	825245	7445485	4156581	10414142	17928517	11773619
甘　肃	12894182	274189	1777067	1716950	3746818	5338855	40303
青　海	4657398	174326	771519	611873	289482	2276586	533612
宁　夏	7082780	939194	1768725	605891	836230	2714530	218210
新　疆	16046399	410207	1731843	1005966	1933091	10103617	861675

2-23 各地区按登记注册类型分的房地产开发企业国内贷款

单位：万元

地区	总计	内资					
			国有	集体	股份合作	国有联营	集体联营
全国总计	**266759426**	**251748460**	**5576882**	**102875**	**139165**	**262975**	
北京	14231469	12874262	120077				
天津	7585351	7080801	272492				
河北	5143934	5120144	23000				
山西	1080147	1072247		1000			
内蒙古	691529	691529					
辽宁	3828488	3529156	120000				
吉林	832712	799548					
黑龙江	612110	612110	600				
上海	13459226	11871067	473336				
江苏	38429627	35143967	1717550		16800	212875	
浙江	34289940	33594677	94000	200			
安徽	8930567	8836715	145722			47100	
福建	7537496	6780141	19400				
江西	3759022	3661827	41550	4500		3000	
山东	17183322	15881327	126084	64090	71000		
河南	5597782	5544937	26800				
湖北	7664272	7439109	155144		34565		
湖南	6964800	6819859	73000				
广东	47996928	45396381	1469348	33085	15300		
广西	6807497	6565293	1214		1500		
海南	1811149	1698504	42109				
重庆	10191429	9516304	379321				
四川	11443323	10897873	35051				
贵州	1140190	1122190					
云南	2949656	2793671					
西藏	236760	236760	17227				
陕西	3223738	3041099	1670				
甘肃	1503103	1503103	98205				
青海	310370	310370					
宁夏	520060	520060					
新疆	803429	793429	123982				

2-23 续表 1

单位：万元

地区	内资						
	国有与集体联营	其他联营	国有独资公司	其他有限责任公司	股份有限公司	私营独资	私营合伙
全国总计	**159721**	**2100**	**19269580**	**134198327**	**5160798**	**2298992**	**114000**
北京			920662	9945391	58576	70000	
天津			1493834	3172597	181461	49000	
河北			130563	2895010	256186	894	
山西			82244	713309			
内蒙古			133829	270202	10819		
辽宁			36464	1583715	76722	249005	
吉林			24557	382013			
黑龙江			21000	538879	30000		
上海			1627483	6639601	139088	103500	
江苏	150000		2866444	11918709	905400	955561	95000
浙江			2263131	17278351	60900	130000	
安徽	9721		149499	5596320	132517	40974	
福建			844557	2636800	57000		15000
江西			472751	1390171	25353	30000	
山东			2707522	9410352	144577	51100	
河南			495625	3483209	40172		
湖北			303483	4935718	586242	2000	
湖南			628542	3478975	74422	3408	
广东		2100	783704	26464757	1690842	577948	
广西			802643	4486509	20674		
海南			248265	1153431	37969		
重庆			547789	1976445	448016	8900	
四川			917926	7478010	103495	100	4000
贵州			192871	573523	14000		
云南			36985	2336416	12092		
西藏			161713	51120			
陕西			266857	1841186	16380	22602	
甘肃			75575	574238	19300	4000	
青海			3000	237241			
宁夏				323366			
新疆			30062	432763	18595		

2-23 续表 2

单位：万元

地区	内资			港澳台商投资			
	私营有限责任公司	私营股份有限公司	其他内资企业		合资经营	合作经营	独资
全国总计	**83075705**	**1309440**	**77900**	**10198783**	**4731245**	**407658**	**3966899**
北京	1759556			1285438	30768	69475	585195
天津	1911417			118965	82851		36114
河北	1799491	15000		23790	23790		
山西	275694						
内蒙古	273944	2735					
辽宁	1138250	300000	25000	249332	152349	15000	81983
吉林	358978	34000		9684			9684
黑龙江	21631						
上海	2752683	135376		1088404	543822		544582
江苏	16085636	219992		2596874	1795375		674019
浙江	13750995	17100		338149	232376	14468	79832
安徽	2528362	166500	20000	31152	21152		10000
福建	3207384			352790	283074		69716
江西	1689502	5000		97195	97000		195
山东	3280152	8650	17800	785920	504683		179637
河南	1480639	13392	5100	36045			36045
湖北	1375957	46000		159913	105413		54500
湖南	2514218	47294		110860	52121		58739
广东	14249207	100090	10000	1678237	653906	244107	740224
广西	1252753			82271	4145	54126	24000
海南	196730	20000		109645			58810
重庆	6052208	103625		531925	41630		388702
四川	2345609	13682		331109	96990	10482	223637
贵州	339892	1904		18000			18000
云南	403178	5000		108985	9800		39185
西藏	6700						
陕西	890204	2200		44100			44100
甘肃	731785						
青海	70129						
宁夏	146194	50500					
新疆	186627	1400		10000			10000

2-23　续表 3　　　　单位：万元

地　区	港澳台商投资		外商投资					
	股份有限	其　他		合资经营	合作经营	独　资	股份有限	其　他
全国总计	**193901**	**899080**	**4812183**	**2134271**	**306370**	**1931916**	**319900**	**119726**
北　京		600000	71769	66769		5000		
天　津			385585			105585	280000	
河　北								
山　西			7900			7900		
内蒙古								
辽　宁			50000			50000		
吉　林			23480					23480
黑龙江								
上　海			499755	227865	146530	125360		
江　苏	30000	97480	688786	366710		302076	20000	
浙　江	11473		357114	246063		111051		
安　徽			62700	9000		53700		
福　建			404565	178722		225843		
江　西								
山　东		101600	516075	353920		113255	19900	29000
河　南			16800	14330		2470		
湖　北			65250	8000		12000		45250
湖　南			34081	27581		6500		
广　东		40000	922310	406114	9840	484360		21996
广　西			159933	87933		72000		
海　南	50835		3000			3000		
重　庆	101593		143200	17000		126200		
四　川			214341	38725	150000	25616		
贵　州								
云　南		60000	47000	47000				
西　藏								
陕　西			138539	38539		100000		
甘　肃								
青　海								
宁　夏								
新　疆								

2-24 各地区按资质等级分的房地产开发企业国内贷款

单位：万元

地 区	总 计	一 级	二 级	三 级	四 级	暂 定	其 他
全国总计	**266759426**	**10013680**	**27190697**	**21373662**	**19365660**	**148616186**	**40199541**
北 京	14231469	615564	1387875	449701	5141399	6611410	25520
天 津	7585351	236090	1009833	152195	2957585	1675098	1554550
河 北	5143934	533282	441634	340738	1066944	2641626	119710
山 西	1080147		11916	23895	418808	616596	8932
内蒙古	691529	2600	94307	37956	300082	222691	33893
辽 宁	3828488	73100	131398	178116	1186	2047168	1397520
吉 林	832712		179820	18520	7800	540052	86520
黑龙江	612110	49469	48519	248710		166966	98446
上 海	13459226	166095	1099777	770102		10399951	1023301
江 苏	38429627	525845	6636656	212531		27184670	3869925
浙 江	34289940	337399	799997	2666144	970810	18245640	11269950
安 徽	8930567	416652	271085	598796	123251	6705838	814945
福 建	7537496	477140	648298	418941	266269	5392559	334289
江 西	3759022	44100	521938	36431	192989	2625009	338555
山 东	17183322	2166617	2045939	945633	542317	9095455	2387361
河 南	5597782	541221	265390	147058	83842	3796396	763875
湖 北	7664272	184953	793915	242031	151021	5687927	604425
湖 南	6964800	214970	690412	1512294	1276790	3075744	194590
广 东	47996928	1644397	1709060	4633134	4243384	24118517	11648436
广 西	6807497	163380	477475	384089	220515	5550337	11701
海 南	1811149	43310	92159	325546	83374	1056538	210222
重 庆	10191429	826768	3824419	313170	3120	4397561	826391
四 川	11443323	282504	2631305	5990335	19316	1631720	888143
贵 州	1140190	72900	326484	60323	57901	622582	
云 南	2949656	115090	50846		265108	1841023	677589
西 藏	236760		5000	50000	22227	159533	
陕 西	3223738	64500	616332	307623	654598	617679	963006
甘 肃	1503103	24600	244336	195231	229294	805787	3855
青 海	310370	21500	6429	59540	7200	206201	9500
宁 夏	520060	108300	70332	19610	6188	315630	
新 疆	803429	61334	57811	35269	52342	562282	34391

2-25　各地区按登记注册类型分的房地产开发企业自筹资金

单位：万元

地　区	总　计	内　资					
			国　有	集　体	股份合作	国有联营	集体联营
全国总计	**633766484**	**607153977**	**13130005**	**652720**	**398049**	**280025**	**10153**
北　京	14065333	13763383	46844	45000	13159	10065	10153
天　津	10431059	10194851	681961	3174			
河　北	27221260	26929801	28892				
山　西	9989721	9951668	273543	3000			
内蒙古	6510535	6509535	62735		10352		
辽　宁	13717563	12699797	153579		9738		
吉　林	9905290	9452703	35028				
黑龙江	6433242	6199653	32691		18692		
上　海	19754972	18424376	1873556	100658			
江　苏	52173690	47313604	1483818	59696	16963	19840	
浙　江	54896891	52263690	119807	12077			
安　徽	24200758	23637952	914061		9550	119791	
福　建	31734600	29486704	103840				
江　西	9055657	8797775	136200	7200		47029	
山　东	41301016	38508452	697496	123245	65402		
河　南	46441837	45781973	590606				
湖　北	20393121	20029174	1033329	10210	76257	5000	
湖　南	20658552	20255287	98931				
广　东	83703583	78919972	3319506	205985	34756		
广　西	13432206	13062212	37208		2475		
海　南	7531801	7344689	332298	5000			
重　庆	13109787	12042925	229189			78300	
四　川	32913681	32347506	121462	43264	56225		
贵　州	10499967	10470264	47714				
云　南	11971566	11440151	13351				
西　藏	878768	878768					
陕　西	25719505	25349167	530165	13000	84480		
甘　肃	5466662	5456660	112445	21211			
青　海	1705744	1705744	1000				
宁　夏	1149949	1149373					
新　疆	6798168	6786168	18750				

2-25 续表 1

单位：万元

地区	内资						
	国有与集体联营	其他联营	国有独资公司	其他有限责任公司	股份有限公司	私营独资	私营合伙
全国总计	**240000**	**26127**	**25904384**	**304020421**	**6980440**	**5680879**	**521205**
北京			406931	10671263	205347	101397	
天津			744501	5443935	173299	184205	
河北			230303	13157684	60127	4000	
山西			246671	4256132		6550	
内蒙古			114303	2764696	139375	9760	
辽宁			127632	5140502	118519	653326	13656
吉林			413410	4426081	221849	20112	
黑龙江			391389	3425975	134139	29516	
上海			2688330	10409680	64823	2300	20
江苏	240000		2070474	18707817	1393798	714194	284668
浙江			2153090	27300629	57791	108540	14450
安徽		4000	991069	11605452	194894	70686	1000
福建		13300	1434728	11246536			35500
江西			339786	3452331	95285	18298	
山东		2130	2808297	20414051	528939	26986	47601
河南			510138	25507274	430333	91273	
湖北			518808	11564092	396099	30652	
湖南			362465	8776576	325265	102804	22300
广东		6697	1726697	41120357	1510209	3027728	32500
广西			371317	7605118	13326		
海南			760136	4638376	109269	47176	15000
重庆			1175553	3224763	140034	55725	
四川			2658306	18635379	206478	138521	35960
贵州			581365	5005065	3997	29705	
云南			273490	5229069	144207	15000	2000
西藏			346167	319047		965	4000
陕西			743963	14071495	146141	123616	8000
甘肃			148374	1983660	106691	23510	4000
青海			30154	716286	47006	18143	550
宁夏			23960	435324			
新疆			512577	2765776	13200	26191	

2-25　续表 2　　单位：万元

地　　区	内　资			港澳台商投　　资			
	私营有限责任公司	私营股份有限公司	其他内资企　　业		合资经营	合作经营	独　资
全国总计	**245121752**	**2750177**	**1437640**	**17973940**	**6881849**	**507550**	**9451819**
北　　京	1901970	351254		237160	17607	59927	78942
天　　津	2959776	4000		124957	98397		26560
河　　北	13383691	65104		88365	14319		72214
山　　西	5085793	79979		20591	2163		18428
内 蒙 古	3329257	79057		1000	1000		
辽　　宁	6432419	27145	23281	636171	174665		461506
吉　　林	4194022	142201		289984	15198		274786
黑 龙 江	2160141	7110		218589	10200		208389
上　　海	2994611	290398		1196409	531297		629843
江　　苏	22028993	205661	87682	3839354	1802396	54900	1536944
浙　　江	22394036	103270		1495824	835467	29966	506397
安　　徽	9494963	204207	28279	470943	192678		278265
福　　建	16651010	1790		950591	665822	4000	280769
江　　西	4643881	57765		221337	47431		173906
山　　东	13576441	110257	107607	2168958	1004795	116	866279
河　　南	18534795	57888	59666	91664	29439	15715	46510
湖　　北	6223023	171704		266778	30826		235952
湖　　南	10413752	153194		360618	51789		308829
广　　东	26907419	122250	905868	3123283	872969	228700	1915718
广　　西	5025435	7333		262331	12832		249499
海　　南	1352999	84435		128405	48288	6710	61242
重　　庆	7081356	58005		809226	204362	63516	541348
四　　川	10352792	99119		431138	77892	44000	309246
贵　　州	4754016	48402		15161	13140		2021
云　　南	5693275	69759		478435	104299		364136
西　　藏	191489	17100					
陕　　西	9389765	30985	207557	24090			4090
甘　　肃	3016572	22497	17700	10002	10002		
青　　海	891865	740					
宁　　夏	650525	39564		576	576		
新　　疆	3411670	38004		12000	12000		

2-25 续表 3

单位：万元

地区	港澳台商投资		外商投资					
	股份有限	其他		合资经营	合作经营	独资	股份有限	其他
全国总计	**496368**	**636354**	**8638567**	**3309267**	**161902**	**4780286**	**187934**	**199178**
北京		80684	64790	39019	19519	6252		
天津			111251	9678		9920	15000	76653
河北	1832		203094	23312		179782		
山西			17462			17462		
内蒙古								
辽宁			381595	126686		254909		
吉林			162603	126130		36473		
黑龙江			15000	15000				
上海		35269	134187	56800	21500	55887		
江苏	127056	318058	1020732	561455	6015	353461	99801	
浙江	123794	200	1137377	526251		605111	6015	
安徽			91863	34802		44268		12793
福建			1297305	184546		1112759		
江西			36545	500		36045		
山东	176880	120888	623606	442420		135827		45359
河南			568200	13885		554315		
湖北			97169	32630		64539		
湖南			42647	20584	9737	7326		5000
广东	34641	71255	1660328	714635	105131	768294	67118	5150
广西			107663	13062		70479		24122
海南	12165		58707	36707		10000		12000
重庆			257636	126803		130833		
四川			135037	86241		48796		
贵州			14542	14534		8		
云南		10000	52980	27498		25482		
西藏								
陕西	20000		346248	76089		252058		18101
甘肃								
青海								
宁夏								
新疆								

2-26 各地区按资质等级分的房地产开发企业自筹资金

单位：万元

地区	总计	一级	二级	三级	四级	暂定	其他
全国总计	**633766484**	**12101781**	**49164640**	**56462580**	**53015135**	**358650135**	**104372213**
北京	14065333	352441	287206	568400	4601091	7823742	432453
天津	10431059	32989	335521	914987	4560684	3014104	1572774
河北	27221260	721730	1778130	2784683	6013535	14318588	1604594
山西	9989721	106251	730965	445065	3626202	5041788	39450
内蒙古	6510535	108141	653338	719386	2148502	1982382	898786
辽宁	13717563	141625	511971	1743469	59866	6908711	4351921
吉林	9905290	339807	723386	468136	758207	7489399	126355
黑龙江	6433242	48549	357233	1782536	159502	3383879	701543
上海	19754972	215776	971884	599957		13983270	3984085
江苏	52173690	549389	10015662	1015981	1844	32731631	7859183
浙江	54896891	638570	1682435	4450201	717122	27188915	20219648
安徽	24200758	243259	1633211	1983270	356415	17025993	2958610
福建	31734600	329951	2742358	2200621	1327116	21295809	3838745
江西	9055657	95914	173863	440405	383756	6524504	1437215
山东	41301016	1869126	2646308	3373400	3350671	24001909	6059602
河南	46441837	846482	2490761	2066632	1020345	31565145	8452472
湖北	20393121	172462	1495420	975280	1130581	14479545	2139833
湖南	20658552	307217	1151748	3520780	3252808	11636884	789115
广东	83703583	1917126	1122792	4242657	7398232	46166982	22855794
广西	13432206	123277	692758	953536	391395	11138940	132300
海南	7531801	77063	405763	1025524	471746	4306859	1244846
重庆	13109787	1219474	3989437	919401	3170	6667053	311252
四川	32913681	877769	7461035	15101391	136079	6406065	2931342
贵州	10499967	8385	381158	736609	476973	8302611	594231
云南	11971566	135101	805430	447274	2853931	5770562	1959268
西藏	878768	30000	99666	121080	22785	604927	310
陕西	25719505	305620	2247008	1563279	5054685	10365497	6183416
甘肃	5466662	99958	591984	681989	1544300	2527730	20701
青海	1705744	14000	382374	131752	173411	746187	258020
宁夏	1149949	79660	176673	95943	273513	505650	18510
新疆	6798168	94669	427162	388956	746668	4744874	395839

2-27 各地区按资质等级分的房地产开发企业利用外资

单位：万元

地　区	总 计	一 级	二 级	三 级	四 级	暂 定	其 他
全国总计	**1920032**		**119068**	**66517**	**111350**	**1227342**	**395755**
北　京	23543				23543		
天　津							
河　北	211					211	
山　西	40000					40000	
内蒙古							
辽　宁	80431			860		1500	78071
吉　林	30					30	
黑龙江	7184				2000		5184
上　海	57575					5180	52395
江　苏	410913		118888			287025	5000
浙　江	396817			9683		374634	12500
安　徽	45900				45900		
福　建	72304			3304		69000	
江　西	14437					13447	990
山　东	369561			16400		273611	79550
河　南	4000					4000	
湖　北	21115		180		2829	17116	990
湖　南							
广　东	130464				37055	93409	
广　西	2427			1585		842	
海　南							
重　庆							
四　川	56000			20000		36000	
贵　州							
云　南	187097			14685		11337	161075
西　藏							
陕　西							
甘　肃							
青　海							
宁　夏							
新　疆	23				23		

2-28　各地区按资质等级分的房地产开发企业定金及预收款

单位：万元

地　区	总　计	一　级	二　级	三　级	四　级	暂　定	其　他
全国总计	**665468323**	**22041750**	**77483376**	**70905897**	**61922168**	**352116626**	**80998506**
北　京	24508904	1427791	797455	977422	7854917	12527275	924044
天　津	16502806	110735	988068	1179594	10226751	3006735	990923
河　北	14651792	898655	1424524	1692270	3488667	6522394	625282
山　西	7599918	433519	826282	574306	3107771	2568485	89555
内蒙古	5333944	237603	447633	546685	2339541	1060941	701541
辽　宁	14066826	382887	725848	2083151	22968	6768335	4083637
吉　林	3682026	68165	377275	399191	317037	2348142	172216
黑龙江	2627006	49094	421457	1147057	11539	847396	150463
上　海	17294200	393428	1557536	929480		13899388	514368
江　苏	92533447	2440722	19365968	714774	35075	59468408	10508500
浙　江	78575172	1084182	2393047	7742065	2045250	42395514	22915114
安　徽	31078505	808317	1634376	2472672	313312	22462060	3387768
福　建	19013303	899079	1095059	2647094	516409	12664184	1191478
江　西	13177959	170062	724562	1066385	740578	8763801	1712571
山　东	47561776	3174024	5275497	3863665	2936117	27377611	4934862
河　南	18880783	743059	2059592	1114153	310707	12106415	2546857
湖　北	19511940	772814	2497437	934232	937227	12957330	1412900
湖　南	19162614	837356	2009008	3704622	3561237	8548600	501791
广　东	84853091	2272064	4651929	9886708	13492883	40944183	13605324
广　西	16724195	510289	1305079	1611450	484170	12575463	237744
海　南	6278134	89502	309840	590789	499947	4035990	752066
重　庆	20926087	1395665	8813566	999501	108332	8654273	954750
四　川	38742811	1194733	9930342	19458691	20715	6126598	2011732
贵　州	8540873	166176	1346804	1067685	626515	5078552	255141
云　南	13797627	241217	1566567	531267	2604799	7395380	1458397
西　藏	219731		25014	21656	75157	97904	
陕　西	15226519	245586	2431280	1360193	3046898	4502307	3640255
甘　肃	3504342	126206	444899	575177	1151408	1200853	5799
青　海	1914924	66140	304261	371879	61558	925149	185937
宁　夏	3836063	670869	1032284	313921	344380	1290800	183809
新　疆	5141005	131811	700887	328162	640303	2996160	343682

2-29 各地区按资质等级分的房地产开发企业个人按揭贷款

单位：万元

地区	总计	一级	二级	三级	四级	暂定	其他
全国总计	**299758123**	**9749995**	**38026055**	**35302860**	**27579081**	**158881865**	**30218267**
北京	3365149	379018	163941	148128	829599	1822701	21762
天津	3394774	7014	152239	85873	1980229	742665	426754
河北	7470156	237961	749945	858409	1982961	3304620	336260
山西	3222349	100990	362681	209402	1240914	1296493	11869
内蒙古	2520543	2433	215145	128249	1013515	1033039	128162
辽宁	5901178	191197	344221	789835	13091	2831203	1731631
吉林	2172455	51991	325481	248824	160600	1313926	71633
黑龙江	1810891	14793	282373	637224	2629	778723	95149
上海	2750363	1872	403921	231503		2037868	75199
江苏	40725016	1287665	9759762	240000	96841	24516448	4824300
浙江	24218796	910231	1125865	2457768	1108277	13166784	5449871
安徽	21550324	687776	1302979	1635493	260100	15537596	2126380
福建	11388623	308562	1000283	2086063	305372	7135393	552950
江西	11185793	86974	443897	1028161	742346	7880364	1004051
山东	18720610	1396725	1572511	1994857	1575495	10527465	1653557
河南	8981747	578266	1110103	537769	105211	5797527	852871
湖北	9278823	251986	945474	749154	862846	5844373	624990
湖南	12694818	355591	889688	2726584	3031978	5352566	338411
广东	39393186	791885	1894872	4894769	6640824	19188386	5982450
广西	10104398	238355	987167	1244318	349707	7104525	180326
海南	881930		34579	98248	77715	613542	57846
重庆	9715374	681028	4444959	506774		3767380	315233
四川	17610064	508268	4302257	9008238	13853	2707160	1070288
贵州	8509840	121500	1374508	1082801	676374	4978427	276230
云南	9742383	203095	1200790	356772	1821691	5077203	1082832
西藏	118914		851	36940	13819	43392	23912
陕西	5555985	91254	1181639	633260	1260033	1619217	770582
甘肃	2221201	13865	469656	252172	772860	708107	4541
青海	557285	72686	76920	37955	20002	303430	46292
宁夏	1370127	79060	447109	144233	187465	496374	15886
新疆	2625028	97954	460239	213084	432734	1354968	66049

2-30　各地区按资质等级分的房地产开发企业其他到位资金

单位：万元

地　区	总　计	一　级	二　级	三　级	四　级	暂　定	其　他
全国总计	**63476157**	**1885524**	**8758925**	**5807993**	**7343352**	**33563831**	**6116532**
北　京	2014825	8477	380013	60308	918780	584689	62558
天　津	1507003	2831	265001	44202	945563	150456	98950
河　北	913846	42213	35135	76865	296551	459237	3845
山　西	720897		84108	153715	311677	171397	
内蒙古	553523	16000	67715	80783	215951	116010	57064
辽　宁	744239	8594	11300	82672	1233	326011	314429
吉　林	576011		141706	6948	104867	300581	21909
黑龙江	457105		125793	81946	5220	159182	84964
上　海	1845093		176106	32385		1586450	50152
江　苏	9709719	142074	1634253	128345	11331	7178274	615442
浙　江	4211281	31131	197486	247958	889108	1678132	1167466
安　徽	3713881	134927	353459	244846	83884	2610179	286586
福　建	3803929	220665	1147389	490960	99965	1734601	110349
江　西	585941		31057	72778	20810	364258	97038
山　东	3654897	192990	246026	357952	361440	1758737	737752
河　南	684785	31880	90899	81907	10040	383833	86226
湖　北	2606749	118835	333501	172580	168976	1689499	123358
湖　南	1907865	15476	219837	374049	437341	818104	43058
广　东	7311436	45724	113264	1211539	1226541	3717349	997019
广　西	2722305	21626	178725	194677	99398	2192159	35720
海　南	1103463		6422	289757	57054	653683	96547
重　庆	3861847	651771	1438563	142343	100	1421096	207974
四　川	965831	7618	133259	609137	3120	165084	47613
贵　州	926900	5615	120591	104712	35511	640501	19970
云　南	2212368	33488	102293	44084	470743	1127245	434515
西　藏	89300			32512	8248	9861	38679
陕　西	2817842	118285	969226	292226	397928	823817	216360
甘　肃	198874	9560	26192	12381	48956	96378	5407
青　海	169075		1535	10747	27311	95619	33863
宁　夏	206581	1305	42327	32184	24684	106076	5
新　疆	678746	24439	85744	40495	61021	445333	21714

2-31 各地区按资质等级分的房地产开发企业各项应付款合计

单位：万元

地区	总计	一级	二级	三级	四级	暂定	其他
全国总计	**477938057**	**12055236**	**55866993**	**52286695**	**45766062**	**257895176**	**54067895**
北京	4975642	167954	985320	109181	1817256	1611977	283954
天津	9711783	34851	496103	1435918	4883099	1329662	1532150
河北	14577415	565572	924088	1489465	3678903	7102532	816855
山西	3814181	197925	389759	171677	1373337	1596792	84691
内蒙古	4356513	81639	349550	658667	1664145	1023027	579485
辽宁	10399627	195661	635531	1788125	38616	5345749	2395945
吉林	3919207	20602	432433	180898	226605	2885577	173092
黑龙江	2885042		547646	791941	53564	1219361	272530
上海	9611169	147424	307631	567547	35000	7983556	570011
江苏	61300739	1311657	13221522	721791	11762	40341668	5692339
浙江	30121170	324871	1084039	3085889	1237854	15099358	9289159
安徽	25378952	689719	1810979	2317660	421783	17268308	2870503
福建	15473285	177813	1688014	1640786	567434	10186986	1212252
江西	10150752	101705	412745	632677	688817	7216068	1098740
山东	32046206	1021073	3621721	2749299	2996543	17918834	3738736
河南	20228516	629899	1508579	1221661	264791	13815665	2787921
湖北	17081431	872038	2091173	927916	1254864	10778792	1156648
湖南	17386085	334864	1037728	3592612	3679667	8134599	606615
广东	56711219	835965	1073548	5254180	9380440	30280563	9886523
广西	16527987	261167	1256222	1598480	687277	12460659	264182
海南	7746475	8000	345701	1509242	497981	4550737	834814
重庆	19839063	1363819	8519591	1308202	3032	8269780	374639
四川	26365658	567978	6260723	13387405	146382	4818846	1184324
贵州	12352830	37727	1639596	1105341	1042498	8098954	428714
云南	15735722	769243	1511888	724264	2999159	7574802	2156366
西藏	622027		187704	94247	114810	225266	
陕西	14400965	855111	1634246	1317294	2880508	4401668	3312138
甘肃	6809571	159616	893726	1013024	2297337	2426732	19136
青海	1246220	32160	317857	275942	97213	427616	95432
宁夏	1482328	117356	296842	179954	122078	710448	55650
新疆	4680277	171827	384788	435410	603307	2790594	294351

第三章

房屋开竣工面积、商品房销售及土地情况

3-1　各地区按用途分的房地产开发企业房屋施工面积

单位：平方米

地　区	房屋施工面　积	住　宅	办公楼	商业营业用房	其　他
全国总计	**9267591876**	**6555577237**	**370835821**	**931976821**	**1409201997**
北　京	139186397	67152567	16542289	10920576	44570965
天　津	120345147	85181685	5864839	11276476	18022147
河　北	314083859	242761361	6572156	24077422	40672920
山　西	219378324	164198994	5014421	18259297	31905612
内蒙古	153109566	107800160	2430118	22472716	20406572
辽　宁	240028100	178002913	4685942	33420039	23919206
吉　林	123406059	85241041	5818055	16468424	15878539
黑龙江	112619052	81326415	2153288	15970634	13168715
上　海	157403382	77122534	22826543	18205191	39249114
江　苏	678894562	510201062	23843603	60822631	84027266
浙　江	567250838	360703549	28411261	48467055	129668973
安　徽	449745988	336866739	12119167	48991171	51768911
福　建	345567682	229298204	18480513	29979221	67809744
江　西	235807954	178912243	6227660	27416059	23251992
山　东	797918889	589136117	28911707	66118583	113752482
河　南	584382056	449432164	17550614	55495721	61903557
湖　北	354193973	265980540	14368835	32051411	41793187
湖　南	407574095	300169544	10188216	46766435	50449900
广　东	916424240	626950880	57376816	79377509	152719035
广　西	321840548	237791398	8649262	27428155	47971733
海　南	85889254	58957520	3675533	11777620	11478581
重　庆	273681619	182417825	7018629	30410016	53835149
四　川	507555429	337062067	21736593	50103409	98653360
贵　州	269227322	183900911	6271872	35338006	43716533
云　南	258013007	174823791	8556594	29597558	45035064
西　藏	9453283	6840354	302195	1290687	1020047
陕　西	283583082	207024308	14705704	27847147	34005923
甘　肃	113282578	78244436	3270682	13226319	18541141
青　海	29435066	20218867	674749	4201448	4340002
宁　夏	55626518	36331068	1879829	8331885	9083736
新　疆	142684007	95525980	4708136	25868000	16581891

3-2 各地区按资质等级分的房地产开发企业房屋施工面积

单位：平方米

地区	总计	一级	二级	三级	四级	暂定	其他
全国总计	**9267591876**	**312409730**	**1210776936**	**1292437126**	**1120092210**	**4458231022**	**873644852**
北京	139186397	6906353	11882252	7010695	58348012	46961748	8077337
天津	120345147	3005759	10247339	4988218	73249550	20209046	8645235
河北	314083859	15511856	32020220	44009215	87780015	120616608	14145945
山西	219378324	7528082	25476266	16360798	92034507	75713936	2264735
内蒙古	153109566	5800414	22375080	22583624	68157844	22322623	11869981
辽宁	240028100	6695392	21214165	47224356	1644790	122148232	41101165
吉林	123406059	2938866	26168472	12755183	12035455	67075389	2432694
黑龙江	112619052	1734865	18645863	47965752	3297069	29046329	11929174
上海	157403382	4982348	13672916	7483608	124922	118646785	12492803
江苏	678894562	17750938	186885332	11717178	482975	381419151	80638988
浙江	567250838	13158380	26943201	76777171	24688335	277083234	148600517
安徽	449745988	11986486	37492173	59142251	9804325	291100953	40219800
福建	345567682	8470809	42830176	64993276	21410147	190259582	17603692
江西	235807954	3428637	12545356	31212389	21887777	143828101	22905694
山东	797918889	49190764	79972932	94462479	89401489	411544234	73346991
河南	584382056	26810460	67830083	48658394	20995496	346316709	73770914
湖北	354193973	14098481	44901651	27651543	36628993	207559353	23353952
湖南	407574095	16936202	37236704	103685480	87485591	150408112	11822006
广东	916424240	16296489	40757363	109299424	168186841	453516727	128367396
广西	321840548	9804484	26846284	42015311	15512921	221236088	6425460
海南	85889254	2499304	6027770	9636004	6777624	52302622	8645930
重庆	273681619	18970500	107221610	22350154	594754	118408274	6136327
四川	507555429	17037274	130026169	245577469	1329892	87107048	26477577
贵州	269227322	3204182	43695018	31349451	19772939	164341586	6864146
云南	258013007	7172348	27966726	13978684	67064915	115217811	26612523
西藏	9453283	116214	1967608	1132384	1254550	4888974	93553
陕西	283583082	8385049	47932509	39803684	67316591	72821991	47323258
甘肃	113282578	3033793	18698601	20170439	29988736	40893414	497595
青海	29435066	794116	7220667	5058241	2979846	10310002	3072194
宁夏	55626518	3866861	15795399	8414389	6781152	19503107	1265610
新疆	142684007	4294024	18281031	14969882	23074157	75423253	6641660

3-3 各地区按资质等级分的房地产开发企业住宅施工面积

单位：平方米

地 区	总 计	一 级	二 级	三 级	四 级	暂 定	其 他
全国总计	**6555577237**	**219975421**	**848752326**	**906640507**	**782991930**	**3192755177**	**604461876**
北 京	67152567	3843801	6515092	3124907	26999084	23328444	3341239
天 津	85181685	2612665	7314471	3982988	49998550	14502295	6770716
河 北	242761361	11415170	24780919	33528916	67722051	93494008	11820297
山 西	164198994	5233594	19024739	12907181	66756466	58592820	1684194
内蒙古	107800160	4167494	16244442	14914328	47073217	17042651	8358028
辽 宁	178002913	5108778	15992837	36567426	1282682	87963939	31087251
吉 林	85241041	2103223	16687999	9332510	8822703	46432269	1862337
黑龙江	81326415	1448258	13374341	33807154	2638535	21134877	8923250
上 海	77122534	3452689	7700370	3823921	84004	58202452	3859098
江 苏	510201062	12649803	137836354	8300613	326094	290053784	61034414
浙 江	360703549	8292453	17260919	46227063	16700731	179240818	92981565
安 徽	336866739	9079336	26790992	40829874	7313377	222625539	30227621
福 建	229298204	5894059	27012807	42133791	11411537	131382058	11463952
江 西	178912243	2806245	8919974	23765737	16354802	109570858	17494627
山 东	589136117	35193119	58889004	70857573	69963949	300008895	54223577
河 南	449432164	20318839	51318179	37441521	16630965	268017058	55705602
湖 北	265980540	10312972	32603548	21650256	29113408	153774604	18525752
湖 南	300169544	12512701	28251812	77419602	62445837	110443359	9096233
广 东	626950880	10621379	28322450	74995933	113471673	321042067	78497378
广 西	237791398	7139602	19497740	32518755	11733592	161895206	5006503
海 南	58957520	1044564	4120733	6762833	5298274	36033551	5697565
重 庆	182417825	13078756	69230153	15781183	385682	79395266	4546785
四 川	337062067	10411454	87190362	161061722	971357	61663816	15763356
贵 州	183900911	2214568	27297468	21059565	13497978	115012985	4818347
云 南	174823791	4318440	19902169	10174234	44814458	76971688	18642802
西 藏	6840354	63817	1263750	751277	837404	3834187	89919
陕 西	207024308	6003380	35256310	29511909	47112495	53697229	35442985
甘 肃	78244436	2078039	12607127	13647437	21561459	27961690	388684
青 海	20218867	631074	4656367	3281945	2143573	7701175	1804733
宁 夏	36331068	2756536	10714934	5572877	4545665	11801453	939603
新 疆	95525980	3168613	12173964	10905476	14980328	49934136	4363463

3-4 各地区按用途分的房地产开发企业房屋新开工面积

单位：平方米

地区	房屋新开工面积	住宅	办公楼	商业营业用房	其他
全国总计	**2244331331**	**1643285319**	**66037090**	**180123174**	**354885748**
北京	30066158	17163594	1305266	1245606	10351692
天津	21618626	15667171	570185	2387564	2993706
河北	102321889	79790537	2071914	7267989	13191449
山西	57956490	44683783	832439	3533868	8906400
内蒙古	32878359	24855300	136029	2967729	4919301
辽宁	44041410	33968660	391758	4477671	5203321
吉林	26623926	19067603	791976	2669803	4094544
黑龙江	22219679	16733056	304634	2216305	2965684
上海	34406169	17563749	4210871	3317039	9314510
江苏	176728165	135381514	4538097	14078782	22729772
浙江	158754884	104436690	5065329	10599435	38653430
安徽	117856360	92437234	1815581	9646637	13956908
福建	66379920	45490452	2774894	4468773	13645801
江西	53017880	41700848	1113117	5079244	5124671
山东	202040827	150637058	5980337	13467375	31956057
河南	141142369	113710013	1996253	10511530	14924573
湖北	84525546	65142075	3584997	6195909	9602565
湖南	109161631	83071879	2111352	10662898	13315502
广东	184077663	125739725	11337464	13881050	33119424
广西	78776223	59123128	1467310	5163684	13022101
海南	10649481	6771646	924273	1348702	1604860
重庆	59477030	41065713	1106861	4533613	12770843
四川	139397358	96310569	4770643	12217474	26098672
贵州	54410607	40091862	512650	5415792	8390303
云南	75380908	52868194	2242893	6865704	13404117
西藏	2228332	1457181	125296	292357	353498
陕西	57969362	44884199	2035207	4142742	6907214
甘肃	35341140	26206901	944466	3004629	5185144
青海	9231673	6522939	300030	1183643	1225061
宁夏	10391571	7848396	57870	778415	1706890
新疆	45259695	32893650	617098	6501212	5247735

3-5　各地区按资质等级分的房地产开发企业房屋新开工面积

单位：平方米

地　区	总　计	一　级	二　级	三　级	四　级	暂　定	其　他
全国总计	**2244331331**	**56433187**	**218308685**	**235965241**	**209113143**	**1251358232**	**273152843**
北　京	30066158	633778	610491	1414060	10640100	14927732	1839997
天　津	21618626	1098227	1345273	738883	7971109	7235473	3229661
河　北	102321889	3783029	8440840	10954573	24131787	50075321	4936339
山　西	57956490	874253	3909023	2717030	21990220	27988974	476990
内蒙古	32878359	553230	3791662	4598389	12508945	6824270	4601863
辽　宁	44041410	1409508	2555462	5516085	183247	21038003	13339105
吉　林	26623926		2950698	1665570	2422991	18816709	767958
黑龙江	22219679	35242	2015010	6874520	555044	10475036	2264827
上　海	34406169	532097	2814293	1749298		25100629	4209852
江　苏	176728165	3405192	34752785	1992724	169836	116154766	20252862
浙　江	158754884	3255368	7019128	16351521	3674487	78056346	50398034
安　徽	117856360	2093907	7244460	9049350	1890121	85480370	12098152
福　建	66379920	904012	3916531	6725423	1926468	48392211	4515275
江　西	53017880	763091	1505697	4019276	3330994	37812315	5586507
山　东	202040827	11912615	14811655	18482096	17428186	111447215	27959060
河　南	141142369	4331744	11614144	7304350	2675069	93842759	21374303
湖　北	84525546	1445346	6459783	4332807	6859189	56922414	8506007
湖　南	109161631	2618322	6969079	17831024	19997944	58035703	3709559
广　东	184077663	2140161	4813051	11707490	22475159	105651261	37290541
广　西	78776223	2206077	4860540	8009181	2692028	60274054	734343
海　南	10649481	155393	882280	761638	1150735	5871484	1827951
重　庆	59477030	4137241	19135531	3888515	172054	30016493	2127196
四　川	139397358	2928511	37573878	65190783	432838	24418261	8853087
贵　州	54410607	186373	3399175	5023127	2256662	41783865	1761405
云　南	75380908	676590	6063065	3395978	14633955	39362590	11248730
西　藏	2228332		815255	418729	217881	690914	85553
陕　西	57969362	1419876	7098932	4967161	10471922	18941035	15070436
甘　肃	35341140	1150005	1662429	4969450	8366382	18927061	265813
青　海	9231673	304390	1391436	1459242	852945	3928185	1295475
宁　夏	10391571	670616	3043654	1034444	1046888	4512952	83017
新　疆	45259695	808993	4843445	2822524	5987957	28353831	2442945

3-6 各地区按资质等级分的房地产开发企业住宅新开工面积

单位：平方米

地　区	总 计	一 级	二 级	三 级	四 级	暂 定	其 他
全国总计	**1643285319**	**40233156**	**156859072**	**168119449**	**155104730**	**929616717**	**193352195**
北　京	17163594	394021	444898	891802	5970253	8477349	985271
天　津	15667171	1062597	979553	563252	5140989	5172916	2747864
河　北	79790537	2703588	6640072	8605724	18365912	39321494	4153747
山　西	44683783	662676	3125247	2039415	17119745	21417977	318723
内蒙古	24855300	462398	2961707	3256277	9643982	5190158	3340778
辽　宁	33968660	1156587	1966615	4230596	149307	16375983	10089572
吉　林	19067603		1899642	1256693	1879452	13487563	544253
黑龙江	16733056	32807	1538629	5346551	490645	7591063	1733361
上　海	17563749	261828	1530200	1148815		13377657	1245249
江　苏	135381514	2290686	25477379	1247123	110194	90622490	15633642
浙　江	104436690	2103349	4624586	9877759	2421687	52998781	32410528
安　徽	92437234	1603171	5493105	6966284	1559238	67287890	9527546
福　建	45490452	523558	2313563	4356490	1224113	33770190	3302538
江　西	41700848	701978	1210756	2991815	2572648	29653658	4569993
山　东	150637058	8734501	11004191	13236464	13289244	83550568	20822090
河　南	113710013	3310543	9016812	6109863	2313899	75228496	17730400
湖　北	65142075	833236	4758992	3648789	5768907	43073484	7058667
湖　南	83071879	2089266	5091435	13345169	15800165	43768906	2976938
广　东	125739725	1149071	3424414	7491174	15574413	76141733	21958920
广　西	59123128	1604467	3557203	5899216	2060482	45407871	593889
海　南	6771646	155393	583684	496279	934035	3461130	1141125
重　庆	41065713	2427121	12572776	2677307	147738	21662037	1578734
四　川	96310569	1914934	26246966	44384894	335272	18091119	5337384
贵　州	40091862	130607	2312703	3820006	1414189	31050177	1364180
云　南	52868194	460980	4162115	2689970	10078331	27677774	7799024
西　藏	1457181		507077	286291	205970	375924	81919
陕　西	44884199	1250400	5267966	4053474	8302822	14563818	11445719
甘　肃	26206901	753904	1290081	3340082	6389743	14209873	223218
青　海	6522939	242518	961881	982437	684427	3009323	642353
宁　夏	7848396	524155	2375245	795680	844455	3244243	64618
新　疆	32893650	692816	3519579	2083758	4312473	20355072	1929952

3-7 各地区按用途分的房地产开发企业房屋竣工面积

单位：平方米

地 区	房屋竣工面 积	住 宅	办公楼	商业营业用房	其 他
全国总计	**912182251**	**659100305**	**30415921**	**86206233**	**136459792**
北 京	15457239	7284849	2422077	950784	4799529
天 津	16344711	12564257	324418	1357014	2099022
河 北	23671679	18711930	249798	1919453	2790498
山 西	14811801	11316715	194887	854417	2445782
内 蒙 古	8412829	6141930	89045	912409	1269445
辽 宁	18481834	14408172	316768	2168693	1588201
吉 林	9649356	6972943	450223	1215318	1010872
黑 龙 江	14379809	11159413	230066	1603784	1386546
上 海	28777753	16276099	2591444	2863800	7046410
江 苏	111510409	82726284	3516509	10595186	14672430
浙 江	66926953	42667805	3487533	5415938	15355677
安 徽	51008621	38744025	1464389	4845539	5954668
福 建	38040667	24030918	2265687	3915073	7828989
江 西	22385020	17444778	662029	2075189	2203024
山 东	93258594	71725477	2195061	7063190	12274866
河 南	54127724	42781345	884698	6034733	4426948
湖 北	26468268	21661117	457307	1928013	2421831
湖 南	39639376	29619576	526429	4839573	4653798
广 东	77637489	55732853	3264735	5933450	12706451
广 西	21291637	15618928	1296006	1582222	2794481
海 南	6874537	5469974	175096	643146	586321
重 庆	37743252	25852555	621713	3663678	7605306
四 川	45458639	30737347	1098947	4459838	9162507
贵 州	8622820	5681174	451765	1042540	1447341
云 南	16377635	11630140	291583	1856665	2599247
西 藏	279963	155156		124807	
陕 西	17456200	13012543	434479	1841369	2167809
甘 肃	8813625	6549850	33999	1134397	1095379
青 海	1535974	994633	34182	235708	271451
宁 夏	7722549	5135255	187693	1138026	1261575
新 疆	9015288	6292264	197355	1992281	533388

3-8 各地区按资质等级分的房地产开发企业房屋竣工面积

单位：平方米

地 区	总 计	一 级	二 级	三 级	四 级	暂 定	其 他
全国总计	**912182251**	**39136017**	**141223864**	**161498537**	**116207192**	**383529044**	**70587597**
北 京	15457239	1034707	1026050	236423	7851382	4752035	556642
天 津	16344711	525098	818515	805893	10851780	2639044	704381
河 北	23671679	663691	3408297	3812511	7577349	6853818	1356013
山 西	14811801	867745	3044845	1976658	5801434	3054734	66385
内蒙古	8412829	496577	830621	1815424	3806622	1159845	303740
辽 宁	18481834	400319	3093817	4544113	158905	8402332	1882348
吉 林	9649356		1729600	768283	1789500	5168738	193235
黑龙江	14379809		3102316	7322720	627030	2184672	1143071
上 海	28777753	458174	2194968	1056818	114922	22995200	1957671
江 苏	111510409	4820800	37184604	4072405	3032	54704915	10724653
浙 江	66926953	3071542	2895380	15744159	4067244	28674257	12474371
安 徽	51008621	774158	5741587	9295234	1012929	30101802	4082911
福 建	38040667	320990	6252985	11894150	2911679	15206227	1454636
江 西	22385020	128775	920132	5448038	2799425	11228513	1860137
山 东	93258594	6192327	10176878	14690107	15502424	39414612	7282246
河 南	54127724	2684531	6806062	4572180	1977927	30407513	7679511
湖 北	26468268	1172203	3408626	3245155	3915627	13462009	1264648
湖 南	39639376	2313590	4051782	12760168	10573527	8968560	971749
广 东	77637489	1908021	3062836	12090535	16643051	35309606	8623440
广 西	21291637	944523	2346921	4585817	1077711	12095973	240692
海 南	6874537	171402	575730	932050	907380	3824442	463533
重 庆	37743252	3383560	16230971	3539955	122744	14153940	312082
四 川	45458639	2015908	8980950	26491791	81614	6709139	1179237
贵 州	8622820	338650	2299212	1217101	552742	4207635	7480
云 南	16377635	981370	2122813	1265496	5753280	5453551	801125
西 藏	279963		118952	72834	38642	49535	
陕 西	17456200	702710	3807765	3525392	3712479	3238723	2469131
甘 肃	8813625	1543664	1048433	1410395	2076557	2704161	30415
青 海	1535974	79000	301134	142059	352978	497435	163368
宁 夏	7722549	1061276	3147862	857168	1057784	1437396	161063
新 疆	9015288	80706	493220	1307505	2487492	4468682	177683

3-9　各地区按资质等级分的房地产开发企业住宅竣工面积

单位：平方米

地　区	总　计	一　级	二　级	三　级	四　级	暂　定	其　他
全国总计	**659100305**	**28227231**	**102870684**	**114966813**	**84851186**	**277708294**	**50476097**
北　京	7284849	570420	294326	195845	3737330	2458101	28827
天　津	12564257	479168	815351	614986	8274968	1928595	451189
河　北	18711930	536251	2617047	3102452	5786801	5452080	1217299
山　西	11316715	729626	2091845	1630442	4351154	2449677	63971
内蒙古	6141930	272058	743231	1248314	2668176	958193	251958
辽　宁	14408172	359615	2332895	3800361	123164	6343274	1448863
吉　林	6972943		1373137	462451	1454865	3530065	152425
黑龙江	11159413		2443323	5736898	492137	1556242	930813
上　海	16276099	82222	1481390	496048	74004	12998492	1143943
江　苏	82726284	3652804	27709356	2980599	3032	40695515	7684978
浙　江	42667805	1920412	2178513	10100557	2994572	17421496	8052255
安　徽	38744025	260029	4465246	6228574	702829	23686603	3400744
福　建	24030918	242922	4139867	6531684	1459819	10757702	898924
江　西	17444778	116700	761396	4184032	2253175	8673110	1456365
山　东	71725477	4751214	7991595	11084719	12434725	29966967	5496257
河　南	42781345	2127261	5398254	3479683	1642718	24121340	6012089
湖　北	21661117	837752	2773546	2603423	3229682	11101241	1115473
湖　南	29619576	1618350	3234525	9284169	7770728	7035191	676613
广　东	55732853	1401243	2231711	8725590	12052351	25767173	5554785
广　西	15618928	725006	1403359	3527086	851569	8922434	189474
海　南	5469974	171402	304250	718904	705813	3163633	405972
重　庆	25852555	2445789	10406790	2535498	41247	10262394	160837
四　川	30737347	1490023	6077334	18066678	72403	4215958	814951
贵　州	5681174	272000	1639891	880167	339436	2549680	
云　南	11630140	736638	1625212	979844	3848251	3848523	591672
西　藏	155156		70565	12000	27969	44622	
陕　西	13012543	473843	2717830	2867348	2959534	2143370	1850618
甘　肃	6549850	1088274	747594	1064846	1596362	2030599	22175
青　海	994633	56500	252622	130304	101257	343537	110413
宁　夏	5135255	745152	2161569	633040	808579	625852	161063
新　疆	6292264	64557	387114	1060271	1992536	2656635	131151

3-10 各地区按资质等级分的房地产开发企业90平方米及以下住宅竣工面积

单位：平方米

地　区	总　计	一　级	二　级	三　级	四　级	暂　定	其　他
全国总计	**119097690**	**5092545**	**19645350**	**22243855**	**14769177**	**48420754**	**8926009**
北　京	4308955	483295	113737	94258	2275120	1313718	28827
天　津	3010006	336222	436454	191681	1557341	328495	159813
河　北	4059841	97665	605233	675687	865746	1593887	221623
山　西	1955706	72707	537144	240514	751141	353049	1151
内蒙古	393207		71274	68586	234576	18513	258
辽　宁	5663016	159629	968582	1542487	43000	2550373	398945
吉　林	2651807		725046	155279	691060	1048485	31937
黑龙江	5057912		937734	2756504	248111	660078	455485
上　海	8669127	9225	553496	72761	44745	7354828	634072
江　苏	12883030	1145808	4254840	966987		5298063	1217332
浙　江	5847961	409077	237500	1008259	406672	2343464	1442989
安　徽	4412854	3676	376520	1232685	32302	2211065	556606
福　建	5181017	137861	1145186	1413338	299634	1971252	213746
江　西	2522185	80280	149486	884789	415539	990443	1648
山　东	8459232	120902	546131	1990720	1989791	3312495	499193
河　南	7165038	255598	799129	475988	318289	4397190	918844
湖　北	2850260	177404	405507	526628	529842	1176588	34291
湖　南	1813271	104595	180923	810864	330259	335813	50817
广　东	9001885	275803	376624	1466872	1637964	3800563	1444059
广　西	3160007	407560	307328	400770	78797	1956758	8794
海　南	2401334	7421	205304	167363	343071	1491068	187107
重　庆	5524151	445692	2823764	527360		1655143	72192
四　川	6604949	178691	1451044	3783842	945	954145	236282
贵　州	291628		102158	20638	33743	135089	
云　南	1105822	20630	115208	154672	386742	410439	18131
西　藏	47595		13503	9000		25092	
陕　西	1896555	56706	842287	284494	439451	214333	59284
甘　肃	311964	39094	12104	51143	109522	100101	
青　海	216342		127814	7465	79698		1365
宁　夏	377714	65020	194996	28265	76475	12958	
新　疆	1253319	1984	29294	233956	549601	407266	31218

3-11　各地区按用途分的房地产开发企业不可销售面积

单位：平方米

地　区	不可销售面　积	住　宅	办公楼	商业营业用房	其　他
全国总计	**58472724**	**15763216**	**3085493**	**8041383**	**31582632**
北　京	5076742	2082435	718189	158657	2117461
天　津	911231	349269	38513	36703	486746
河　北	1300199	463497	6891	97660	732151
山　西	932233	340402	3199	25536	563096
内蒙古	427899	108962	21918	29481	267538
辽　宁	655027	216982	9701	95912	332432
吉　林	1394946	519052	286862	315170	273862
黑龙江	1911765	995462	36296	501110	378897
上　海	3944164	466061	438549	719625	2319929
江　苏	6855034	1458648	113214	1236178	4046994
浙　江	7843771	993360	413866	1198527	5238018
安　徽	1936666	600298	136724	300715	898929
福　建	2900739	1041684	229504	148502	1481049
江　西	1074269	324434	6253	107423	636159
山　东	3066081	1101599	170625	484632	1309225
河　南	2089692	610457	45953	322591	1110691
湖　北	1650127	542349	38555	76581	992642
湖　南	1061135	175913	9408	181182	694632
广　东	4570838	741706	271670	478412	3079050
广　西	875583	225356	50713	36037	563477
海　南	341191	41288		102074	197829
重　庆	696223	137490	6813	80458	471462
四　川	1088486	78103	2271	189952	818160
贵　州	409534	20632		32075	356827
云　南	725171	58673	5364	141760	519374
西　藏	13945			13945	
陕　西	2696904	1386756	13837	521237	775074
甘　肃	286068	134428	4308	14928	132404
青　海	166942	25172		3254	138516
宁　夏	1154331	413358	4246	224024	512703
新　疆	415788	109390	2051	167042	137305

3-12 各地区按资质等级分的房地产开发企业不可销售面积

单位：平方米

地　区	总　计	一　级	二　级	三　级	四　级	暂　定	其　他
全国总计	**58472724**	**3400156**	**9272723**	**9057443**	**9047713**	**22451043**	**5243646**
北　京	5076742	469730	33476	18679	3124196	977597	453064
天　津	911231	335702	1728	50406	379614	107096	36685
河　北	1300199		202681	102157	542954	436564	15843
山　西	932233	113463	161070	153130	388304	116266	
内蒙古	427899		49966	165177	210714	277	1765
辽　宁	655027	14933	162696	80903	4356	290162	101977
吉　林	1394946		149632	109253	218459	917602	
黑龙江	1911765		145268	1143883	54511	445606	122497
上　海	3944164	458174	250872	54834	26000	2717707	436577
江　苏	6855034	506383	2154732	217195		3284454	692270
浙　江	7843771	400025	330976	2314557	311175	3309453	1177585
安　徽	1936666		424318	353447	19564	864960	274377
福　建	2900739	81169	1145597	513398	283167	761037	116371
江　西	1074269	92355	758	476224	74655	370795	59482
山　东	3066081	107373	128590	659528	460194	1505263	205133
河　南	2089692	106619	353971	117295	24382	1022739	464686
湖　北	1650127	159576	214969	251023	479843	517236	27480
湖　南	1061135	116181	62379	268968	334164	241722	37721
广　东	4570838	70066	276126	561910	799177	2217220	646339
广　西	875583	55520	136865	323101	87432	270078	2587
海　南	341191		89718	29195	40109	181054	1115
重　庆	696223	44422	292131	70509		279053	10108
四　川	1088486	8721	407768	443861	132	109776	118228
贵　州	409534		89934	62030	67894	189676	
云　南	725171	44654	79313	45752	249238	267767	38447
西　藏	13945			5541	8404		
陕　西	2696904	107469	1258425	347976	276384	582661	123989
甘　肃	286068	10591	77615	46018	117226	34046	572
青　海	166942	4600	9732	3700	24172	76698	48040
宁　夏	1154331	86482	572787	36497	302338	156227	
新　疆	415788	5948	8630	31296	138955	200251	30708

3-13　各地区按用途分的房地产开发企业住宅竣工套数

单位：套

地　区	住　宅	#90平方米及以下住宅	#144平方米以上住宅
全国总计	**5976595**	**1647837**	**560519**
北　京	76869	57602	4879
天　津	117031	42911	8232
河　北	173246	53266	10209
山　西	97800	23781	10690
内蒙古	50106	5413	10020
辽　宁	161513	86606	11598
吉　林	81777	47606	6111
黑龙江	124925	71247	4866
上　海	175500	117790	9583
江　苏	794618	169537	83751
浙　江	376975	71663	41162
安　徽	336749	51939	25364
福　建	217966	71530	14687
江　西	153272	32187	11321
山　东	587809	116096	75277
河　南	362425	86864	33548
湖　北	187178	37770	13266
湖　南	240398	25386	31974
广　东	492470	121626	41373
广　西	137514	41172	12125
海　南	56629	33696	4521
重　庆	237523	67758	17433
四　川	290046	86086	19634
贵　州	45370	3606	8188
云　南	81256	18187	23069
西　藏	1561	880	143
陕　西	159772	76344	11152
甘　肃	54533	5724	2963
青　海	8052	2552	1590
宁　夏	42470	5692	4983
新　疆	53242	15320	6807

3-14 各地区按资质等级分的房地产开发企业住宅竣工套数

单位：套

地 区	总 计	一 级	二 级	三 级	四 级	暂 定	其 他
全国总计	**5976595**	**248508**	**901569**	**1057117**	**737736**	**2591508**	**440157**
北 京	76869	7808	2556	1860	39509	24235	901
天 津	117031	10359	7740	5168	72450	16496	4818
河 北	173246	5625	22389	28620	52842	51965	11805
山 西	97800	6072	17980	14113	38336	20729	570
内蒙古	50106	1080	6793	9671	22297	8365	1900
辽 宁	161513	3941	22473	42954	1093	78815	12237
吉 林	81777		26616	5198	15804	32755	1404
黑龙江	124925		24376	65736	5523	18712	10578
上 海	175500	731	14027	3414	793	142945	13590
江 苏	794618	31400	229928	25289	10	441891	66100
浙 江	376975	17637	19465	105497	24554	141389	68433
安 徽	336749	2391	41204	56386	6009	201840	28919
福 建	217966	3015	41505	58142	13006	94511	7787
江 西	153272	1077	6334	39199	18747	76553	11362
山 东	587809	33764	57584	100057	102329	247203	46872
河 南	362425	18173	45221	29395	14485	204430	50721
湖 北	187178	7652	23885	22580	30900	92722	9439
湖 南	240398	14599	25518	77764	61019	56264	5234
广 东	492470	17115	15435	79783	107174	222871	50092
广 西	137514	7060	13831	27056	6781	81372	1414
海 南	56629	1579	3830	6754	7489	32723	4254
重 庆	237523	20383	94058	23834	303	96609	2336
四 川	290046	11412	60289	169815	732	40238	7560
贵 州	45370	1782	13850	6697	2458	20583	
云 南	81256	3733	9655	7362	27458	29072	3976
西 藏	1561		498	172	196	695	
陕 西	159772	3942	25115	21319	25269	69445	14682
甘 肃	54533	9239	5926	7998	14599	16579	192
青 海	8052	357	2036	1116	1152	2493	898
宁 夏	42470	6230	18149	5117	7047	4782	1145
新 疆	53242	352	3303	9051	17372	22226	938

3-15　各地区按资质等级分的房地产开发企业90平方米及以下住宅竣工套数

单位：套

地　区	总 计	一 级	二 级	三 级	四 级	暂 定	其 他
全国总计	**1647837**	**69346**	**269854**	**291398**	**199622**	**703325**	**114292**
北　京	57602	7240	1316	1278	30199	16668	901
天　津	42911	9488	4997	2194	20396	3780	2056
河　北	53266	1212	6995	8832	11055	21584	3588
山　西	23781	833	6443	2776	9216	4491	22
内蒙古	5413		1058	875	3074	403	3
辽　宁	86606	1950	12858	21829	502	44642	4825
吉　林	47606		22159	2556	9552	12935	404
黑龙江	71247		12771	38703	3368	10176	6229
上　海	117790	160	7455	983	575	99220	9397
江　苏	169537	13130	54098	12427		73092	16790
浙　江	71663	5080	2800	12675	4884	28842	17382
安　徽	51939	46	6535	11585	505	26868	6400
福　建	71530	2031	18472	18895	4211	25489	2432
江　西	32187	944	2046	10242	5077	13834	44
山　东	116096	1421	6612	28420	26582	46733	6328
河　南	86864	3232	9676	5559	4302	52946	11149
湖　北	37770	2703	5392	6582	7664	15001	428
湖　南	25386	1480	2878	11385	4945	4089	609
广　东	121626	3393	4377	20194	23864	52370	17428
广　西	41172	4854	4872	4901	943	25465	137
海　南	33696	92	3033	2161	4786	20987	2637
重　庆	67758	5360	34488	6372		20579	959
四　川	86086	2129	19437	49762	16	12053	2689
贵　州	3606		1209	299	382	1716	
云　南	18187	240	2091	2007	7350	6237	262
西　藏	880		151	150		579	
陕　西	76344	704	10688	3923	5577	54633	819
甘　肃	5724	506	138	626	2016	2438	
青　海	2552		1421	113	998		20
宁　夏	5692	1088	3037	396	1023	148	
新　疆	15320	30	351	2698	6560	5327	354

3-16 各地区按用途分的房地产开发企业房屋竣工价值

单位：万元

地区	房屋竣工价值	住宅	办公楼	商业营业用房	其他
全国总计	**344938273**	**251193599**	**15878744**	**36167577**	**41698353**
北京	5944561	2915964	972173	341413	1715011
天津	7488480	5621125	208993	714878	943484
河北	6787852	5529128	62478	566392	629854
山西	3873970	2986572	75807	264903	546688
内蒙古	2332099	1704995	34247	275717	317140
辽宁	6285700	4818663	104330	928070	434637
吉林	2685661	1904591	150380	358937	271753
黑龙江	3346355	2525741	76781	415796	328037
上海	18751376	10891967	2066474	2119386	3673549
江苏	54998779	42652095	2322012	5251648	4773024
浙江	31400783	21913036	1650697	2668452	5168598
安徽	16826032	13099923	702154	1489718	1534237
福建	12327215	7737529	872638	1459071	2257977
江西	6472456	4909834	305420	712580	544622
山东	25574115	19754039	651344	2216582	2952150
河南	13457276	10611605	277435	1423422	1144814
湖北	10848412	8888205	401669	874538	684000
湖南	12600807	9064984	435361	1827858	1272604
广东	37607271	26407211	2308573	4183589	4707898
广西	8053305	5987451	710824	688650	666380
海南	4117021	3219090	146870	477361	273700
重庆	16857510	12725380	255158	1923491	1953481
四川	16152257	11082168	537747	1981790	2550552
贵州	2048436	1299102	126745	354317	268272
云南	5153681	3703775	142130	613030	694746
西藏	102424	55769		46655	
陕西	5624665	4232162	140589	610413	641501
甘肃	2427171	1807933	11858	336360	271020
青海	409632	278154	9912	65245	56321
宁夏	2175840	1407854	45968	422996	299022
新疆	2207131	1457554	71977	554319	123281

3-17　各地区按资质等级分的房地产开发企业房屋竣工价值

单位：万元

地　区	总　计	一　级	二　级	三　级	四　级	暂　定	其　他
全国总计	**344938273**	**13675070**	**54321505**	**55232715**	**38500149**	**152689827**	**30519007**
北　京	5944561	324093	283918	134699	2961483	1933706	306662
天　津	7488480	119976	340664	406650	5048564	1280098	292528
河　北	6787852	197311	1065108	1026337	2202206	1983817	313073
山　西	3873970	234090	770185	509072	1380816	961542	18265
内蒙古	2332099	183036	236099	493181	1061765	289778	68240
辽　宁	6285700	104364	800596	1481005	43744	2907454	948537
吉　林	2685661		543632	285167	397871	1417383	41608
黑龙江	3346355		767985	1749537	120783	470658	237392
上　海	18751376	176644	1353480	858679	104802	15265327	992444
江　苏	54998779	1801936	17893358	2062109	2300	27276934	5962142
浙　江	31400783	1458420	1406814	6047745	1721733	14168700	6597371
安　徽	16826032	309043	1788553	2912631	301669	9748984	1765152
福　建	12327215	89106	1929015	3876407	1064398	4447575	920714
江　西	6472456	30155	309586	1349359	960686	3282706	539964
山　东	25574115	1679530	2634375	4022938	3913141	11258501	2065630
河　南	13457276	689798	1662711	1016979	464981	7773527	1849280
湖　北	10848412	799289	1595540	949346	985171	6179992	339074
湖　南	12600807	935252	1339871	4092274	3354698	2636486	242226
广　东	37607271	853085	1565710	6215598	7132582	17093513	4746783
广　西	8053305	262204	936384	1465918	266369	5047026	75404
海　南	4117021	68560	314157	959091	377755	2161368	236090
重　庆	16857510	1308398	7901102	1078875	28927	6384071	156137
四　川	16152257	600782	3045143	9710537	27065	2247464	521266
贵　州	2048436	59272	496807	229692	121607	1140717	341
云　南	5153681	379643	613779	377033	1776087	1776182	230957
西　藏	102424		43372	12238	19683	27131	
陕　西	5624665	201431	1180840	943456	1276707	1119127	903104
甘　肃	2427171	468330	306258	447883	436238	761119	7343
青　海	409632	23000	88202	27050	95993	128923	46464
宁　夏	2175840	306027	977016	206588	305959	332629	47621
新　疆	2207131	12295	131245	284641	544366	1187389	47195

3-18 各地区按资质等级分的房地产开发企业住宅竣工价值

单位：万元

地 区	总 计	一 级	二 级	三 级	四 级	暂 定	其 他
全国总计	**251193599**	**9801893**	**40562194**	**39080187**	**27731542**	**111344424**	**22673359**
北 京	2915964	156035	147630	120252	1375662	1107750	8635
天 津	5621125	103470	339646	342071	3796407	863567	175964
河 北	5529128	156740	826104	880743	1707179	1676669	281693
山 西	2986572	199202	532068	429248	1046612	761842	17600
内 蒙 古	1704995	110684	212762	345222	740463	242835	53029
辽 宁	4818663	96347	601503	1201115	30302	2084630	804766
吉 林	1904591		419066	152049	328590	971575	33311
黑 龙 江	2525741		566538	1344894	90724	325757	197828
上 海	10891967	48550	983619	415570	102228	8724086	617914
江 苏	42652095	1458107	13628716	1493604	2300	21407265	4662103
浙 江	21913036	891371	1158903	4121867	1342825	9458697	4939373
安 徽	13099923	71520	1333952	1945808	223559	7986081	1539003
福 建	7737529	68793	1301092	2022113	443996	3184984	716551
江 西	4909834	27470	254287	1012726	788898	2398813	427640
山 东	19754039	1285313	2076665	2995912	3130879	8700512	1564758
河 南	10611605	585588	1320383	792476	382330	6141421	1389407
湖 北	8888205	627413	1358204	714633	810136	5110735	267084
湖 南	9064984	582475	1021134	2835688	2370814	2086214	168659
广 东	26407211	616842	1097353	4488476	5164991	11917808	3121741
广 西	5987451	195992	535743	1160569	214090	3821418	59639
海 南	3219090	68560	179680	743687	253694	1773929	199540
重 庆	12725380	954264	5787402	824254	8970	5040644	109846
四 川	11082168	438665	2147870	6746106	25043	1425508	298976
贵 州	1299102	47607	359064	167800	78049	646582	
云 南	3703775	333155	477034	294302	1172464	1235545	191275
西 藏	55769		22500	1321	5700	26248	
陕 西	4232162	100871	885120	743362	1051428	744389	706992
甘 肃	1807933	337967	215770	336051	336565	576275	5305
青 海	278154	16400	74017	25050	28695	103076	30916
宁 夏	1407854	213734	603782	160693	229196	152828	47621
新 疆	1457554	8758	94587	222525	448753	646741	36190

3-19 各地区房地产开发企业建造的房屋面积和造价

地 区	房屋施工面积(平方米)	房屋竣工面积(平方米)	房屋建筑面积竣工率(%)	房屋竣工价值(万元)	房屋竣工造价(元/平方米)
全国总计	**9267591876**	**912182251**	**9.8**	**344938273**	**3781**
北 京	139186397	15457239	11.1	5944561	3846
天 津	120345147	16344711	13.6	7488480	4582
河 北	314083859	23671679	7.5	6787852	2867
山 西	219378324	14811801	6.8	3873970	2615
内蒙古	153109566	8412829	5.5	2332099	2772
辽 宁	240028100	18481834	7.7	6285700	3401
吉 林	123406059	9649356	7.8	2685661	2783
黑龙江	112619052	14379809	12.8	3346355	2327
上 海	157403382	28777753	18.3	18751376	6516
江 苏	678894562	111510409	16.4	54998779	4932
浙 江	567250838	66926953	11.8	31400783	4692
安 徽	449745988	51008621	11.3	16826032	3299
福 建	345567682	38040667	11.0	12327215	3241
江 西	235807954	22385020	9.5	6472456	2891
山 东	797918889	93258594	11.7	25574115	2742
河 南	584382056	54127724	9.3	13457276	2486
湖 北	354193973	26468268	7.5	10848412	4099
湖 南	407574095	39639376	9.7	12600807	3179
广 东	916424240	77637489	8.5	37607271	4844
广 西	321840548	21291637	6.6	8053305	3782
海 南	85889254	6874537	8.0	4117021	5989
重 庆	273681619	37743252	13.8	16857510	4466
四 川	507555429	45458639	9.0	16152257	3553
贵 州	269227322	8622820	3.2	2048436	2376
云 南	258013007	16377635	6.3	5153681	3147
西 藏	9453283	279963	3.0	102424	3658
陕 西	283583082	17456200	6.2	5624665	3222
甘 肃	113282578	8813625	7.8	2427171	2754
青 海	29435066	1535974	5.2	409632	2667
宁 夏	55626518	7722549	13.9	2175840	2818
新 疆	142684007	9015288	6.3	2207131	2448

3-20 各地区房地产开发企业建造的住宅面积和造价

地　区	住宅施工面积（平方米）	住宅竣工面积（平方米）	住宅建筑面积竣工率（%）	住宅竣工价值（万元）	住宅竣工造价（元/平方米）
全国总计	**6555577237**	**659100305**	**10.1**	**251193599**	**3811**
北　京	67152567	7284849	10.8	2915964	4003
天　津	85181685	12564257	14.7	5621125	4474
河　北	242761361	18711930	7.7	5529128	2955
山　西	164198994	11316715	6.9	2986572	2639
内蒙古	107800160	6141930	5.7	1704995	2776
辽　宁	178002913	14408172	8.1	4818663	3344
吉　林	85241041	6972943	8.2	1904591	2731
黑龙江	81326415	11159413	13.7	2525741	2263
上　海	77122534	16276099	21.1	10891967	6692
江　苏	510201062	82726284	16.2	42652095	5156
浙　江	360703549	42667805	11.8	21913036	5136
安　徽	336866739	38744025	11.5	13099923	3381
福　建	229298204	24030918	10.5	7737529	3220
江　西	178912243	17444778	9.8	4909834	2815
山　东	589136117	71725477	12.2	19754039	2754
河　南	449432164	42781345	9.5	10611605	2480
湖　北	265980540	21661117	8.1	8888205	4103
湖　南	300169544	29619576	9.9	9064984	3060
广　东	626950880	55732853	8.9	26407211	4738
广　西	237791398	15618928	6.6	5987451	3833
海　南	58957520	5469974	9.3	3219090	5885
重　庆	182417825	25852555	14.2	12725380	4922
四　川	337062067	30737347	9.1	11082168	3605
贵　州	183900911	5681174	3.1	1299102	2287
云　南	174823791	11630140	6.7	3703775	3185
西　藏	6840354	155156	2.3	55769	3594
陕　西	207024308	13012543	6.3	4232162	3252
甘　肃	78244436	6549850	8.4	1807933	2760
青　海	20218867	994633	4.9	278154	2797
宁　夏	36331068	5135255	14.1	1407854	2742
新　疆	95525980	6292264	6.6	1457554	2316

3-21 各地区按用途分的房地产开发企业房屋出租面积

单位：平方米

地 区	房 屋 出租面积	住宅	办公楼	商业营 业用房	其 他
全国总计	**34983305**	**2728467**	**11708437**	**14596502**	**5949899**
北 京	3008367	76616	1614656	820258	496837
天 津	467064	17557	190911	220018	38578
河 北	39788		3820	31969	3999
山 西	91975	76403	3815	7207	4550
内 蒙 古	34843			28661	6182
辽 宁	237818	113633	27927	90516	5742
吉 林	19054			12492	6562
黑 龙 江	223331	5087	61955	75057	81232
上 海	20533286	1342711	7758749	7510829	3920997
江 苏	1384266	6334	323783	847935	206214
浙 江	1072219		338493	625510	108216
安 徽	260995	5050	62122	110527	83296
福 建	996044	5000	143406	586068	261570
江 西	41113			37238	3875
山 东	1044115	32900	165944	679927	165344
河 南	141428	51481	89947		
湖 北	107031	5455	68512	32796	268
湖 南	366450	5473	6733	324985	29259
广 东	1904001	243052	613086	940755	107108
广 西	174643	67648	6760	74510	25725
海 南	36394	14322		21292	780
重 庆	409078	211050	14174	166571	17283
四 川	382082	11405	46182	259265	65230
贵 州	52818	9346		40294	3178
云 南	551387	410744	14852	62756	63035
西 藏	4832				4832
陕 西	526868		30186	490439	6243
甘 肃	58934			50205	8729
青 海	12226		2733	9493	
宁 夏	388848	17200	60480	250884	60284
新 疆	412007		59211	188045	164751

3-22 各地区按资质等级分的房地产开发企业房屋出租面积

单位：平方米

地　区	总　计	一　级	二　级	三　级	四　级	暂　定	其　他
全国总计	**34983305**	**3842569**	**5370616**	**4381297**	**2405071**	**15630813**	**3352939**
北　京	3008367	342627	388821	158327	1235228	766919	116445
天　津	467064		266377	1551	174524	540	24072
河　北	39788		12436	7819	3277	16256	
山　西	91975	400		78970	3850	822	7933
内蒙古	34843		2435	19483	10882	2043	
辽　宁	237818	780	58250	121819		43957	13012
吉　林	19054		10328		6562	2164	
黑龙江	223331		42052	55079		126200	
上　海	20533286	2526370	2873409	1278167	6955	11549225	2299160
江　苏	1384266		205565	34475		939488	204738
浙　江	1072219	195614	46550	171464	115764	384541	158286
安　徽	260995	34502	9191	100768	4050	106105	6379
福　建	996044		45385	693972	128183	95132	33372
江　西	41113	430		22000		14808	3875
山　东	1044115	299661	219528	66256	87714	307247	63709
河　南	141428		47821		16062	77545	
湖　北	107031		8388	5455		93188	
湖　南	366450	41045	16012	105594	132534	71265	
广　东	1904001	248094	50783	871463	222608	327056	183997
广　西	174643		131429	15537	4216	23461	
海　南	36394				1900	34494	
重　庆	409078	61422	47387	49352		250917	
四　川	382082	56707	54017	191658	1000	8706	69994
贵　州	52818		18566	3231	16926	14095	
云　南	551387		448599	3236	66960	28010	4582
西　藏	4832				4832		
陕　西	526868	33500	56417		46195	259556	131200
甘　肃	58934			20715	7997	30222	
青　海	12226		12226				
宁　夏	388848	1417	200382	75400	84269	3697	23683
新　疆	412007		98262	229506	22583	53154	8502

3-23　各地区按资质等级分的房地产开发企业住宅出租面积

单位：平方米

地　区	总　计	一　级	二　级	三　级	四　级	暂　定	其　他
全国总计	**2728467**	**579812**	**696183**	**403873**	**40992**	**856159**	**151448**
北　京	76616	16252	10895		6911	13731	28827
天　津	17557		1867		15690		
河　北							
山　西	76403			76403			
内蒙古							
辽　宁	113633		54309	59324			
吉　林							
黑龙江	5087			5087			
上　海	1342711	556659	69679	30332	5596	559949	120496
江　苏	6334		1882			4452	
浙　江							
安　徽	5050			1000	4050		
福　建	5000					5000	
江　西							
山　东	32900		8329			24571	
河　南	51481		47821			3660	
湖　北	5455			5455			
湖　南	5473			2438	3035		
广　东	243052	6901	216	220598	3810	9402	2125
广　西	67648		66976			672	
海　南	14322				1900	12422	
重　庆	211050					211050	
四　川	11405		11405				
贵　州	9346					9346	
云　南	410744		407508	3236			
西　藏							
陕　西							
甘　肃							
青　海							
宁　夏	17200		15296			1904	
新　疆							

3-24 各地区房地产开发企业90平方米及以下住房开发规模及竣工情况

地区	施工面积(平方米)	新开工面积(平方米)	竣工面积(平方米)	不可销售面积(平方米)	竣工套数(套)	出租面积(平方米)
全国总计	**1215617307**	**242692544**	**119097690**	**7072971**	**1647837**	**1524850**
北京	38906546	10187852	4308955	1450085	57602	31718
天津	26401990	5938997	3010006	335702	42911	15690
河北	52970717	13642567	4059841	112910	53266	
山西	22787807	4078340	1955706	30791	23781	76403
内蒙古	14111732	1626672	393207	15094	5413	
辽宁	67499879	8512618	5663016	155875	86606	113633
吉林	30484747	6156002	2651807	362166	47606	
黑龙江	36077253	6140767	5057912	788145	71247	2226
上海	38896433	9310953	8669127	224577	117790	558250
江苏	69377430	12486318	12883030	653213	169537	1480
浙江	58579037	17717919	5847961	238048	71663	
安徽	42035237	7641360	4412854	98372	51939	
福建	58561163	12071179	5181017	466573	71530	
江西	18566300	3359200	2522185	132430	32187	
山东	67286650	10983680	8459232	376367	116096	32900
河南	77048854	12665328	7165038	166426	86864	47821
湖北	37750700	6528862	2850260	87171	37770	5455
湖南	23999996	4381952	1813271	17885	25386	2438
广东	130237831	24327883	9001885	239190	121626	97181
广西	39678183	7990336	3160007	97332	41172	66976
海南	24889751	1087531	2401334	14168	33696	14322
重庆	50193950	8111227	5524151	23665	67758	29819
四川	76959303	25690957	6604949	12565	86086	2989
贵州	19960152	4741394	291628	3644	3606	
云南	32161222	7862296	1105822	9889	18187	410744
西藏	1298109	349689	47595		880	
陕西	32168355	2862322	1896555	730916	76344	
甘肃	7097002	1701226	311964	26700	5724	
青海	3133097	937911	216342	21669	2552	
宁夏	2824672	111508	377714	142476	5692	14805
新疆	13673209	3487698	1253319	38927	15320	

3-25　各地区按用途分的房地产开发企业商品房销售面积

单位：平方米

地　区	商品房销售面积	住　宅	办公楼	商业营业用房	其　他
全国总计	**1760862217**	**1548784698**	**33343263**	**92884587**	**85849669**
北　京	9708776	7335942	732198	533755	1106881
天　津	13069574	12207400	183244	431325	247605
河　北	60284147	55722462	590110	1900545	2071030
山　西	26852924	25494948	231953	570974	555049
内蒙古	20458947	18674650	54282	1187322	542693
辽　宁	37431566	34472600	228506	1711351	1019109
吉　林	18312198	16536396	143376	1032670	599756
黑龙江	14943595	13498616	63225	1025987	355767
上　海	17891616	14340696	1016801	837356	1696763
江　苏	154269898	138557157	2772085	7542594	5398062
浙　江	102503000	88323761	2883304	4301848	6994087
安　徽	95341291	86953547	1234397	4797094	2356253
福　建	66071821	52100255	2248011	4319708	7403847
江　西	67327138	58530532	1480178	5546224	1770204
山　东	132717427	119047352	2015348	4939805	6714922
河　南	141006554	128311796	1638085	8530213	2526460
湖　北	65878325	59600784	1292576	2543273	2441692
湖　南	94374375	85066530	1106882	5412756	2788207
广　东	149082529	129306582	4481376	6109190	9185381
广　西	67290181	60074486	543848	2981473	3690374
海　南	7515402	6261944	452713	379808	420937
重　庆	61434700	48144922	1067316	5192717	7029745
四　川	132577454	109023668	3357126	9313470	10883190
贵　州	55525146	49299317	384800	4093854	1747175
云　南	48572635	41758845	632103	2922662	3259025
西　藏	932647	816237	24528	91314	568
陕　西	44520734	39023950	2003304	1665846	1827634
甘　肃	19679206	18638101	81627	727906	231572
青　海	4696611	4206420	4832	309923	175436
宁　夏	10954861	9718748	124535	642223	469355
新　疆	19636939	17736054	270594	1289401	340890

3-26 各地区按资质等级分的房地产开发企业商品房销售面积

单位：平方米

地区	总计	一级	二级	三级	四级	暂定	其他
全国总计	**1760862217**	**49041046**	**209413920**	**233460990**	**174151161**	**916652622**	**178142478**
北京	9708776	717882	559184	302590	3037108	4857224	234788
天津	13069574	81619	791435	690001	7936229	2456345	1113945
河北	60284147	2123539	5971976	7648815	16040957	24779757	3719103
山西	26852924	922625	1984112	2217365	11691516	9775062	262244
内蒙古	20458947	426948	1967270	2645560	9025577	4451801	1941791
辽宁	37431566	1184787	2528640	6731955	169839	17156007	9660338
吉林	18312198	231428	2206832	2052166	2308338	10930309	583125
黑龙江	14943595	79192	2171777	5569117	494638	4901070	1727801
上海	17891616	346998	2070276	894274	3180	13570700	1006188
江苏	154269898	4047891	35842805	2124299	48726	93267715	18938462
浙江	102503000	1896601	3159334	11352227	4335204	55779411	25980223
安徽	95341291	1982170	7279439	9718935	1413888	64679559	10267300
福建	66071821	1749481	5584490	11431595	2282953	41264675	3758627
江西	67327138	966299	2772669	6508958	4603029	44994603	7481580
山东	132717427	6928619	12672199	14664158	12870777	71899987	13681687
河南	141006554	5144635	14265946	9176257	4739759	86269714	21410243
湖北	65878325	1515850	7171587	4445828	6024154	41897213	4823693
湖南	94374375	2796763	6113002	20060019	19563937	42539737	3300917
广东	149082529	2636388	5612859	14017045	26958114	79659518	20198605
广西	67290181	1489408	4876186	7991582	2705949	48689058	1537998
海南	7515402	200913	578748	662334	596492	4410610	1066305
重庆	61434700	3476134	22599285	5106395	259022	28505338	1488526
四川	132577454	3190709	32189186	65891815	324423	24839062	6142259
贵州	55525146	630272	6777560	6795889	4714820	35107034	1499571
云南	48572635	1089373	5380110	2803354	12331043	21551051	5417704
西藏	932647	8722	107685	183417	173105	410711	49007
陕西	44520734	612177	6451929	4721527	9040975	14836174	8857952
甘肃	19679206	581511	3011206	3362890	5680824	6943942	98833
青海	4696611	311337	495205	875665	308753	2457976	247675
宁夏	10954861	1165481	3405498	1407528	1210151	3371207	394996
新疆	19636939	505294	2815490	1407430	3257681	10400052	1250992

3-27　各地区按用途分的房地产开发企业商品房现房销售面积

单位：平方米

地　区	现房销售面　积	住　宅	办公楼	商业营业用房	其　他
全国总计	**223864930**	**157364792**	**9442810**	**29936351**	**27120977**
北　京	2670430	1540705	369703	242995	517027
天　津	2011229	1634374	96388	143819	136648
河　北	5202421	4437217	124589	337334	303281
山　西	2431082	2155381	16291	150531	108879
内蒙古	4718112	3881670	26670	596235	213537
辽　宁	6767522	5511034	144627	775364	336497
吉　林	4309191	3568259	58098	436535	246299
黑龙江	4531469	3789769	37443	493083	211174
上　海	7436037	4840285	513031	706140	1376581
江　苏	28626509	21758838	1228826	3583466	2055379
浙　江	8211083	4808842	1017417	1479077	905747
安　徽	9276738	6640488	413853	1341373	881024
福　建	8626306	4133738	581409	1619355	2291804
江　西	6405373	4863658	187134	1018077	336504
山　东	11481864	9180499	475925	1138821	686619
河　南	23337759	19004964	329046	3013779	989970
湖　北	7289477	5377324	213334	908051	790768
湖　南	9335221	6977667	208885	1338223	810446
广　东	25064251	16256444	1617952	2165278	5024577
广　西	5770743	4374589	139360	671370	585424
海　南	1477613	1223846	44370	75270	134127
重　庆	10606554	3638171	602559	2371144	3994680
四　川	9839316	4680813	271090	2127700	2759713
贵　州	3452667	2053730	81306	996524	321107
云　南	4149761	2851463	214114	589104	495080
西　藏	108952	82370		26014	568
陕　西	3965686	2971342	229893	477158	287293
甘　肃	1985961	1693663	9346	196137	86815
青　海	417788	359376	4832	53404	176
宁　夏	1946528	1297792	113380	379731	155625
新　疆	2411287	1776481	71939	485259	77608

3-28 各地区按资质等级分的房地产开发企业商品房现房销售面积

单位：平方米

地 区	总 计	一 级	二 级	三 级	四 级	暂 定	其 他
全国总计	**223864930**	**7876618**	**37140369**	**38471348**	**30791296**	**89757130**	**19828169**
北 京	2670430	349993	339686	144435	1463304	366406	6606
天 津	2011229	29483	325012	94021	1216218	132942	213553
河 北	5202421	39350	764230	745270	1608633	1829068	215870
山 西	2431082	53750	275585	529022	1044091	436205	92429
内蒙古	4718112	106481	496968	956238	2417819	447083	293523
辽 宁	6767522	243462	705738	1785341	75677	3397735	559569
吉 林	4309191	17854	680048	520489	1012061	1985943	92796
黑龙江	4531469	18557	936667	1886383	252305	1058635	378922
上 海	7436037	90039	899608	595256		5184303	666831
江 苏	28626509	1495303	9421115	1352541	15811	13408364	2933375
浙 江	8211083	106082	384480	1697886	1258737	3109206	1654692
安 徽	9276738	190792	1493955	2528515	290179	4126854	646443
福 建	8626306	599603	858333	3039529	785783	3050060	292998
江 西	6405373	103206	360693	1055322	1109908	3064797	711447
山 东	11481864	379149	1305849	2136394	1352258	5328132	980082
河 南	23337759	358311	2440307	1798082	1678483	12606792	4455784
湖 北	7289477	130483	1401007	740699	1248752	3470143	298393
湖 南	9335221	745890	1001965	2355435	2395772	2506946	329213
广 东	25064251	1073213	1438004	4225374	5726686	9768465	2832509
广 西	5770743	117204	380289	1292221	494024	3397840	89165
海 南	1477613	20808	195934	146270	136040	624917	353644
重 庆	10606554	677930	5101100	1119795	85762	3448606	173361
四 川	9839316	529039	2276063	4956392	19743	1699790	358289
贵 州	3452667		1073180	342972	508890	1327412	200213
云 南	4149761	55798	447124	385356	1643486	1375604	242393
西 藏	108952		17290	74189	5786	11687	
陕 西	3965686	135182	667423	714340	968753	862753	617235
甘 肃	1985961	2195	273192	433361	704260	533626	39327
青 海	417788	8752	161424	15385	51458	180769	
宁 夏	1946528	176687	728264	552268	303475	181881	3953
新 疆	2411287	22022	289836	252567	917142	834166	95554

3-29　各地区按用途分的房地产开发企业商品房期房销售面积

单位：平方米

地　区	期房销售面积	住　宅	办公楼	商业营业用房	其　他
全国总计	**1536997287**	**1391419906**	**23900453**	**62948236**	**58728692**
北　京	7038346	5795237	362495	290760	589854
天　津	11058345	10573026	86856	287506	110957
河　北	55081726	51285245	465521	1563211	1767749
山　西	24421842	23339567	215662	420443	446170
内蒙古	15740835	14792980	27612	591087	329156
辽　宁	30664044	28961566	83879	935987	682612
吉　林	14003007	12968137	85278	596135	353457
黑龙江	10412126	9708847	25782	532904	144593
上　海	10455579	9500411	503770	131216	320182
江　苏	125643389	116798319	1543259	3959128	3342683
浙　江	94291917	83514919	1865887	2822771	6088340
安　徽	86064553	80313059	820544	3455721	1475229
福　建	57445515	47966517	1666602	2700353	5112043
江　西	60921765	53666874	1293044	4528147	1433700
山　东	121235563	109866853	1539423	3800984	6028303
河　南	117668795	109306832	1309039	5516434	1536490
湖　北	58588848	54223460	1079242	1635222	1650924
湖　南	85039154	78088863	897997	4074533	1977761
广　东	124018278	113050138	2863424	3943912	4160804
广　西	61519438	55699897	404488	2310103	3104950
海　南	6037789	5038098	408343	304538	286810
重　庆	50828146	44506751	464757	2821573	3035065
四　川	122738138	104342855	3086036	7185770	8123477
贵　州	52072479	47245587	303494	3097330	1426068
云　南	44422874	38907382	417989	2333558	2763945
西　藏	823695	733867	24528	65300	
陕　西	40555048	36052608	1773411	1188688	1540341
甘　肃	17693245	16944438	72281	531769	144757
青　海	4278823	3847044		256519	175260
宁　夏	9008333	8420956	11155	262492	313730
新　疆	17225652	15959573	198655	804142	263282

3-30 各地区按资质等级分的房地产开发企业商品房期房销售面积

单位：平方米

地　区	总　计	一　级	二　级	三　级	四　级	暂　定	其　他
全国总计	**1536997287**	**41164428**	**172273551**	**194989642**	**143359865**	**826895492**	**158314309**
北　京	7038346	367889	219498	158155	1573804	4490818	228182
天　津	11058345	52136	466423	595980	6720011	2323403	900392
河　北	55081726	2084189	5207746	6903545	14432324	22950689	3503233
山　西	24421842	868875	1708527	1688343	10647425	9338857	169815
内蒙古	15740835	320467	1470302	1689322	6607758	4004718	1648268
辽　宁	30664044	941325	1822902	4946614	94162	13758272	9100769
吉　林	14003007	213574	1526784	1531677	1296277	8944366	490329
黑龙江	10412126	60635	1235110	3682734	242333	3842435	1348879
上　海	10455579	256959	1170668	299018	3180	8386397	339357
江　苏	125643389	2552588	26421690	771758	32915	79859351	16005087
浙　江	94291917	1790519	2774854	9654341	3076467	52670205	24325531
安　徽	86064553	1791378	5785484	7190420	1123709	60552705	9620857
福　建	57445515	1149878	4726157	8392066	1497170	38214615	3465629
江　西	60921765	863093	2411976	5453636	3493121	41929806	6770133
山　东	121235563	6549470	11366350	12527764	11518519	66571855	12701605
河　南	117668795	4786324	11825639	7378175	3061276	73662922	16954459
湖　北	58588848	1385367	5770580	3705129	4775402	38427070	4525300
湖　南	85039154	2050873	5111037	17704584	17168165	40032791	2971704
广　东	124018278	1563175	4174855	9791671	21231428	69891053	17366096
广　西	61519438	1372204	4495897	6699361	2211925	45291218	1448833
海　南	6037789	180105	382814	516064	460452	3785693	712661
重　庆	50828146	2798204	17498185	3986600	173260	25056732	1315165
四　川	122738138	2661670	29913123	60935423	304680	23139272	5783970
贵　州	52072479	630272	5704380	6452917	4205930	33779622	1299358
云　南	44422874	1033575	4932986	2417998	10687557	20175447	5175311
西　藏	823695	8722	90395	109228	167319	399024	49007
陕　西	40555048	476995	5784506	4007187	8072222	13973421	8240717
甘　肃	17693245	579316	2738014	2929529	4976564	6410316	59506
青　海	4278823	302585	333781	860280	257295	2277207	247675
宁　夏	9008333	988794	2677234	855260	906676	3189326	391043
新　疆	17225652	483272	2525654	1154863	2340539	9565886	1155438

3-31　各地区按资质等级分的房地产开发企业商品住宅销售面积

单位：平方米

地　区	总　计	一　级	二　级	三　级	四　级	暂　定	其　他
全国总计	**1548784698**	**40278656**	**179170524**	**197459422**	**151337826**	**822057000**	**158481270**
北　京	7335942	602091	490735	228604	1917208	3881760	215544
天　津	12207400	81404	770592	630661	7361897	2328852	1033994
河　北	55722462	1980759	5470599	7072820	14627805	23050210	3520269
山　西	25494948	799680	1955959	2143789	11100242	9234593	260685
内蒙古	18674650	351280	1862967	2253086	8129881	4305391	1772045
辽　宁	34472600	1116655	2315503	6104819	162018	15596279	9177326
吉　林	16536396	163638	1989655	1763039	2020805	10028817	570442
黑龙江	13498616	63576	1920721	4976358	441200	4513539	1583222
上　海	14340696	296951	1829474	617815	3180	10756176	837100
江　苏	138557157	3275036	31723757	1634883	42944	84685262	17195275
浙　江	88323761	1563255	2756849	9243177	3415380	48875661	22469439
安　徽	86953547	1732032	6538424	8471847	1193828	59581983	9435433
福　建	52100255	1044958	4083734	8036914	1509953	34310743	3113953
江　西	58530532	882605	2136946	5180948	3776275	40297961	6255797
山　东	119047352	6016444	11399203	13183900	11285298	64719380	12443127
河　南	128311796	4604601	12700000	8160549	4170361	79343076	19333209
湖　北	59600784	1288715	5949431	3906277	5671443	38271984	4512934
湖　南	85066530	2411263	5495457	17703134	17369273	39133910	2953493
广　东	129306582	2156301	4658078	11691049	22095740	71377312	17328102
广　西	60074486	1341421	4378060	6972019	2365741	43652355	1364890
海　南	6261944	167401	481852	568585	560950	3581761	901395
重　庆	48144922	2419079	16503583	4006660	179302	23699452	1336846
四　川	109023668	1904193	26858123	53894679	247437	20918420	5200816
贵　州	49299317	541857	5653757	5893329	4098803	31789585	1321986
云　南	41758845	775851	4591731	2354055	10159969	19255572	4621667
西　藏	816237	8722	78915	178926	149397	352165	48112
陕　西	39023950	384532	5728746	4221129	7647269	13198009	7844265
甘　肃	18638101	571491	2792379	3111643	5448640	6632826	81122
青　海	4206420	293474	461672	806461	230472	2212512	201829
宁　夏	9718748	1000087	3067448	1179042	1069886	3052480	349805
新　疆	17736054	439304	2526174	1269225	2885229	9418974	1197148

3-32 各地区按资质等级分的房地产开发企业90平方米及以下住宅销售面积

单位：平方米

地区	总计	一级	二级	三级	四级	暂定	其他
全国总计	**203991231**	**5618728**	**27809698**	**30988590**	**17434958**	**102196627**	**19942630**
北京	3783147	293158	230961	101866	762548	2267950	126664
天津	2692965	31572	219756	232368	1382713	628006	198550
河北	9002235	550636	782587	1481789	1828347	3834215	524661
山西	1661559	6732	92765	171523	789360	574600	26579
内蒙古	2094253	5686	180064	141933	812652	604642	349276
辽宁	9065862	328767	546917	1878708	62464	4388569	1860437
吉林	4521453	24977	758367	676336	513650	2368961	179162
黑龙江	4785041	891	631519	1701165	274178	1627260	550028
上海	5670859	257169	839287	120382	261	4183723	270037
江苏	11342047	152560	3035365	407166		6432271	1314685
浙江	12416978	204860	283786	1165521	424109	6847029	3491673
安徽	6262095	3903	1113257	1211752	79653	3384685	468845
福建	12839963	473573	1120497	1694412	367677	8510265	673539
江西	3972569	52234	169737	299482	232078	2830130	388908
山东	7182338	86633	426680	892620	1097692	3881906	796807
河南	18396273	1373126	2342602	1394854	490232	11202581	1592878
湖北	4924633	94957	945455	270322	444815	2856627	312457
湖南	4724904	149346	393424	1270078	966023	1822250	123783
广东	20855612	406942	1062917	1456973	3422541	10100743	4405496
广西	7919548	136230	471614	920416	208411	6109287	73590
海南	1661393	50526	89243	186247	253055	957939	124383
重庆	9027883	317210	2838524	849427		4887880	134842
四川	24388000	482436	6843161	10787107	50381	5326901	898014
贵州	4029769	1841	465222	458281	378876	2524714	200835
云南	5317176	46826	1003773	189652	1433532	2259963	383430
西藏	172957	2700	21234	33802	24656	90565	
陕西	2265164	18306	444939	481820	534198	411369	374532
甘肃	1175625	8973	163628	308288	351497	343239	
青海	335570	6614	34026	55450	3808	230961	4711
宁夏	352712	22562	125384	46854	18120	105159	34633
新疆	1150648	26782	133007	101996	227431	602237	59195

3-33　各地区按资质等级分的房地产开发企业144平方米以上住宅销售面积

单位：平方米

地　区	总　计	一　级	二　级	三　级	四　级	暂　定	其　他
全国总计	**220826687**	**7004620**	**28995240**	**29523042**	**27089967**	**106513468**	**21700350**
北　京	1806906	160605	72770	69567	699047	742115	62802
天　津	1555435	28304	97904	85723	1139661	91814	112029
河　北	4741843	298966	670450	657802	873041	1845018	396566
山　西	4320937	184694	527463	212392	1862618	1501620	32150
内蒙古	4419972	89780	459313	795281	2272278	494238	309082
辽　宁	4100053	125391	339229	870917	19929	1789107	955480
吉　林	2220531	34674	321845	156464	205545	1424003	78000
黑龙江	1223315	3146	286203	510513	34216	217570	171667
上　海	2107119	21986	261526	205908		1473962	143737
江　苏	22862972	706201	5707111	416436	12219	12981817	3039188
浙　江	14926175	207343	794445	1731575	1079663	7796392	3316757
安　徽	6300118	97291	536181	723137	71080	4322577	549852
福　建	5421563	196925	317828	1492134	340211	2920995	153470
江　西	6063981	69794	354964	930326	518045	3662282	528570
山　东	26464599	1699793	3300346	2626267	2364280	13516849	2957064
河　南	15946345	383749	2147928	1107541	743995	9795813	1767319
湖　北	6183458	168426	732988	385455	657438	3672949	566202
湖　南	16221195	433869	1134392	3391656	3544167	7156304	560807
广　东	17478374	345824	741563	2859780	4027092	7615746	1888369
广　西	7268036	220612	1081995	800968	352333	4742482	69646
海　南	837282	44172	99020	62364	29336	474372	128018
重　庆	6021439	214260	2645273	678037	2115	2395842	85912
四　川	9105955	203818	1548410	5293352	561	1530555	529259
贵　州	6158976	173134	799555	689319	235366	4089812	171790
云　南	13394676	421070	1518587	1165005	3763345	5124739	1401930
西　藏	315597	2961	35636	53249	59769	153839	10143
陕　西	7018236	110166	1119725	705784	1330955	2313060	1438546
甘　肃	1275700	17345	260267	356577	394210	245969	1332
青　海	1038031	55703	104587	92885	56504	670385	57967
宁　夏	1620142	171830	522719	219336	67792	519575	118890
新　疆	2407726	112788	455017	177292	333156	1231667	97806

3-34 各地区按资质等级分的房地产开发企业办公楼销售面积

单位：平方米

地 区	总 计	一 级	二 级	三 级	四 级	暂 定	其 他
全国总计	**33343263**	**1215759**	**3998306**	**5549254**	**3337853**	**15366074**	**3876017**
北 京	732198	13163	6212	29968	361702	320641	512
天 津	183244	112	7464		121472	28993	25203
河 北	590110	22407	92420	87682	223515	130794	33292
山 西	231953	40321	1101	9105	101267	80159	
内蒙古	54282		2512	7727	34278	9765	
辽 宁	228506		1895	52305	1600	154039	18667
吉 林	143376	1414	8813	14908	885	117356	
黑龙江	63225		9988	39653		11774	1810
上 海	1016801	1042	2616	29765		964457	18921
江 苏	2772085	125984	681053	69337		1545591	350120
浙 江	2883304	25690	68991	520687	114075	1477339	676522
安 徽	1234397	63069	69427	200487	8856	740546	152012
福 建	2248011	40495	330719	500390	167130	1163014	46263
江 西	1480178	1188	7153	335280	39418	858518	238621
山 东	2015348	68969	174491	219655	146798	1173252	232183
河 南	1638085	62163	403013	113068	18566	904145	137130
湖 北	1292576	77743	284127	52234	3990	762152	112330
湖 南	1106882	35068	48615	313531	164638	539256	5774
广 东	4481376	94309	99679	581452	935619	1701082	1069235
广 西	543848	18858	7093	149540	28498	314148	25711
海 南	452713	17752	7019	47414	19765	310363	50400
重 庆	1067316	32768	478354	17743		538451	
四 川	3357126	241743	612704	1937350		348085	217244
贵 州	384800		62670	10088	9239	267806	34997
云 南	632103	65454	162158	13564	167578	176238	47111
西 藏	24528		6212		784	17532	
陕 西	2003304	152047	259416	95208	583829	531022	381782
甘 肃	81627		5660	13088	28069	34810	
青 海	4832		4832				
宁 夏	124535	13531	14423	70583	2720	23278	
新 疆	270594	469	77476	17442	53562	121468	177

3-35　各地区按资质等级分的房地产开发企业商业营业用房销售面积

单位：平方米

地　区	总　计	一　级	二　级	三　级	四　级	暂　定	其　他
全国总计	**92884587**	**2582671**	**13206032**	**16216196**	**11287291**	**41102381**	**8490016**
北　京	533755	19521	16125	14212	368977	113710	1210
天　津	431325	103	7360	55753	281113	66482	20514
河　北	1900545	88665	101452	132328	629898	902903	45299
山　西	570974	21555	13817	46366	268818	219501	917
内蒙古	1187322	37407	80821	293365	617693	83670	74366
辽　宁	1711351	28436	118539	417618	5007	871850	269901
吉　林	1032670	28049	161597	175816	154895	507274	5039
黑龙江	1025987	15616	205333	398702	32884	265026	108426
上　海	837356	7788	92362	90631		613494	33081
江　苏	7542594	214978	2011339	351754	5682	3965096	993745
浙　江	4301848	84608	158290	671292	450719	2011532	925407
安　徽	4797094	25753	472722	690741	175875	2936168	495835
福　建	4319708	84799	367387	1304752	283427	2158956	120387
江　西	5546224	54757	558990	724398	611485	2832925	763669
山　东	4939805	227711	476035	452760	888466	2393927	500906
河　南	8530213	330112	888977	645117	372529	4527480	1765998
湖　北	2543273	36243	454938	335679	302491	1291280	122642
湖　南	5412756	211918	320779	1195548	1375854	2059104	249553
广　东	6109190	54872	348991	592343	1449219	2975662	688103
广　西	2981473	44778	222186	465510	200454	1965019	83526
海　南	379808	3871	66702	19666	11730	236997	40842
重　庆	5192717	353262	2402029	485542	2316	1840101	109467
四　川	9313470	376155	1931318	4983057	60355	1601094	361491
贵　州	4093854	41445	620613	706952	441869	2207722	75253
云　南	2922662	82380	226342	247268	1205634	788299	372739
西　藏	91314		22558	3923	22924	41014	895
陕　西	1665846	26995	341107	237257	423980	489213	147294
甘　肃	727906	10020	160849	194206	152219	195352	15260
青　海	309923	17863	28667	46071	77523	108684	31115
宁　夏	642223	27618	189435	137426	99022	170061	18661
新　疆	1289401	25393	138372	100143	314233	662785	48475

3-36 各地区按用途分的房地产开发企业商品房销售额

单位：万元

地 区	商品房销售额	住 宅	办公楼	商业营业用房	其 他
全国总计	**1736126589**	**1545669552**	**50474697**	**98889140**	**41093200**
北 京	36568473	31313068	2449509	1729333	1076563
天 津	21136116	20009756	209009	676452	240899
河 北	49503820	45979141	581284	1824552	1118843
山 西	18859422	17533580	212698	776662	336482
内蒙古	13654815	12425834	36728	924917	267336
辽 宁	33662811	31141104	280015	1819139	422553
吉 林	13815493	12382305	114652	973045	345491
黑龙江	10641984	9461493	75300	872472	232719
上 海	60469670	52688495	4695738	1985726	1099711
江 苏	194088874	180273297	3148565	8038286	2628726
浙 江	171450135	155848192	4666739	6448510	4486694
安 徽	73461458	67608609	962853	4141389	748607
福 建	74977450	63433449	2364081	5278929	3900991
江 西	52227807	44251945	1345170	5678379	952313
山 东	110656177	101095521	2060253	4764830	2735573
河 南	93643556	84025340	1812324	6366415	1439477
湖 北	60878987	54473227	2230247	3043203	1132310
湖 南	59470606	52235639	1218369	4822620	1193978
广 东	225725108	198296308	11898632	9543091	5987077
广 西	42514679	38035549	551063	2519439	1408628
海 南	12320834	10489151	739611	732902	359170
重 庆	50713443	42931808	1280613	4402016	2099006
四 川	103942534	87669649	3198681	9706730	3367474
贵 州	32242259	27607336	290383	3780969	563571
云 南	39699077	34520000	669932	3096085	1413060
西 藏	839343	720278	19704	99172	189
陕 西	43753258	37557683	2953436	2153920	1088219
甘 肃	12934052	12054187	104702	673624	101539
青 海	3832536	3434151	4148	318848	75389
宁 夏	6983893	6262629	75270	486278	159716
新 疆	11457919	9910828	224988	1211207	110896

3-37　各地区按资质等级分的房地产开发企业商品房销售额

单位：万元

地　区	总　计	一　级	二　级	三　级	四　级	暂　定	其　他
全国总计	**1736126589**	**50457864**	**192110990**	**197607944**	**151114249**	**933614837**	**211220705**
北　京	36568473	2422772	1438624	1430549	10025043	20172302	1079183
天　津	21136116	136302	1100454	1141401	13109873	4015849	1632237
河　北	49503820	2146744	5130210	6189254	11721759	21505821	2810032
山　西	18859422	554013	1446171	1276775	7664925	7766327	151211
内蒙古	13654815	398108	1215702	1619636	5795973	3337105	1288291
辽　宁	33662811	824910	1897648	4741440	77817	15290746	10830250
吉　林	13815493	203259	1658158	1515814	1329862	8732027	376373
黑龙江	10641984	81732	1531764	3925790	171454	3762803	1168441
上　海	60469670	587892	6573766	3050437	10437	46847894	3399244
江　苏	194088874	4641947	41506183	2096997	53115	123246944	22543688
浙　江	171450135	3139099	5024104	17610051	4898488	94242963	46535430
安　徽	73461458	1883766	5048273	6085326	865435	51949421	7629237
福　建	74977450	2283635	6094031	10267646	3013099	48428271	4890768
江　西	52227807	825282	2145443	5256041	3527394	34779594	5694053
山　东	110656177	5804775	10337996	10640170	8347843	62552768	12972625
河　南	93643556	3444592	8826287	5735537	2562774	59280095	13794271
湖　北	60878987	2058517	8549656	3094701	3116513	40262583	3797017
湖　南	59470606	2091429	3916150	11940806	11563187	28185406	1773628
广　东	225725108	6476755	9740707	24398293	35096293	109225419	40787641
广　西	42514679	1184266	3423806	4358045	1483426	31233067	832069
海　南	12320834	340291	1054390	1102933	964137	7023459	1835624
重　庆	50713443	3020859	18687441	3236493	138863	24258935	1370852
四　川	103942534	2356497	24649351	53740068	205110	17319869	5671639
贵　州	32242259	344051	4519924	3913251	2360929	20333100	771004
云　南	39699077	875390	4812953	1725039	8324446	18480103	5481146
西　藏	839343	6200	97183	170127	141071	351820	72942
陕　西	43753258	589107	5563196	3184536	8015494	15668561	10732364
甘　肃	12934052	253117	1990603	2179682	3896401	4566327	47922
青　海	3832536	333523	393240	600605	177438	2160192	167538
宁　夏	6983893	841744	2163054	688050	608185	2335714	347146
新　疆	11457919	307290	1574522	692451	1847465	6299352	736839

3-38 各地区按用途分的房地产开发企业商品房现房销售额

单位：万元

地区	现房销售额	住宅	办公楼	商业营业用房	其他
全国总计	**203362122**	**148536110**	**14714300**	**27894084**	**12217628**
北京	8190711	5934935	1238765	684281	332730
天津	2786633	2295134	91782	236691	163026
河北	3665407	3040807	95408	326381	202811
山西	1125371	942236	11077	131423	40635
内蒙古	2200014	1689114	14543	406445	89912
辽宁	4747372	3765721	206746	635869	139036
吉林	2549967	2018153	46951	325348	159515
黑龙江	2440140	1925511	46133	349409	119087
上海	19087701	14753633	1771979	1641620	920469
江苏	28757835	23202021	1393075	3279945	882794
浙江	10030232	6790566	1144436	1608270	486960
安徽	5319172	3708144	323534	1025786	261708
福建	7876683	4588780	566027	1704192	1017684
江西	4362402	3223744	166169	840058	132431
山东	7444705	5836647	466027	908183	233848
河南	11971483	9242049	351450	1911493	466491
湖北	5273213	3810011	251587	867991	343624
湖南	5510882	3893542	273781	1043030	300529
广东	39755646	29274030	4258765	2996629	3226222
广西	3048965	2171621	179875	501204	196265
海南	2443469	2101635	100395	142116	99323
重庆	6708731	3082621	696436	1837262	1092412
四川	6780852	3867865	279534	1893755	739698
贵州	1734556	809627	40844	814689	69396
云南	2864535	1842250	247956	527249	247080
西藏	88757	70381		18187	189
陕西	3219137	2332954	312015	434448	139720
甘肃	1028646	808188	5541	167492	47425
青海	261072	209067	4148	47786	71
宁夏	918670	569121	69329	236884	43336
新疆	1169163	736002	59992	349968	23201

3-39　各地区按资质等级分的房地产开发企业商品房现房销售额

单位：万元

地　区	总　计	一　级	二　级	三　级	四　级	暂　定	其　他
全国总计	**203362122**	**8928160**	**31696850**	**32881387**	**27178094**	**82396931**	**20280700**
北　京	8190711	1297103	771236	507707	4573175	1029469	12021
天　津	2786633	25811	331470	189893	1811198	183479	244782
河　北	3665407	37683	605192	552064	1112133	1206344	151991
山　西	1125371	26852	128325	247764	441752	245869	34809
内蒙古	2200014	90834	189221	539553	1062351	218056	99999
辽　宁	4747372	149628	470901	1084866	29494	2534649	477834
吉　林	2549967	18831	442815	302663	513539	1222622	49497
黑龙江	2440140	17362	612911	971102	87443	573367	177955
上　海	19087701	75363	2562999	1329098		13810589	1309652
江　苏	28757835	1916921	8541551	1429383	12562	13700600	3156818
浙　江	10030232	136867	429637	1874378	1228118	4066594	2294638
安　徽	5319172	126811	837773	1366166	151279	2453167	383976
福　建	7876683	667070	1075404	2310109	890348	2759264	174488
江　西	4362402	70252	253712	589924	1104682	1901676	442156
山　东	7444705	310705	798988	1215083	745017	3647563	727349
河　南	11971483	157196	1337298	982455	895712	6316150	2282672
湖　北	5273213	143952	1477253	493995	567112	2405843	185058
湖　南	5510882	534076	552550	1413676	1287291	1538277	185012
广　东	39755646	2093063	2321742	8908094	7344066	13050485	6038196
广　西	3048965	87261	242730	660080	222158	1770190	66546
海　南	2443469	41916	438142	278456	173417	981719	529819
重　庆	6708731	371916	3237162	660851	30742	2276952	131108
四　川	6780852	266688	1700678	3416457	15746	1144831	236452
贵　州	1734556		625608	181791	230024	622412	74721
云　南	2864535	47521	434896	250254	1053702	913983	164179
西　藏	88757		11023	60975	6483	10276	
陕　西	3219137	89386	455731	455629	758000	881338	579053
甘　肃	1028646	658	143955	251692	330556	277216	24569
青　海	261072	8234	128387	11864	21110	91477	
宁　夏	918670	104243	364251	234927	117520	94766	2963
新　疆	1169163	13957	173309	110438	361364	467708	42387

3-40 各地区按用途分的房地产开发企业商品房期房销售额

单位：万元

地　区	期房销售额	住　宅	办公楼	商业营业用房	其　他
全国总计	**1532764467**	**1397133442**	**35760397**	**70995056**	**28875572**
北　京	28377762	25378133	1210744	1045052	743833
天　津	18349483	17714622	117227	439761	77873
河　北	45838413	42938334	485876	1498171	916032
山　西	17734051	16591344	201621	645239	295847
内蒙古	11454801	10736720	22185	518472	177424
辽　宁	28915439	27375383	73269	1183270	283517
吉　林	11265526	10364152	67701	647697	185976
黑龙江	8201844	7535982	29167	523063	113632
上　海	41381969	37934862	2923759	344106	179242
江　苏	165331039	157071276	1755490	4758341	1745932
浙　江	161419903	149057626	3522303	4840240	3999734
安　徽	68142286	63900465	639319	3115603	486899
福　建	67100767	58844669	1798054	3574737	2883307
江　西	47865405	41028201	1179001	4838321	819882
山　东	103211472	95258874	1594226	3856647	2501725
河　南	81672073	74783291	1460874	4454922	972986
湖　北	55605774	50663216	1978660	2175212	788686
湖　南	53959724	48342097	944588	3779590	893449
广　东	185969462	169022278	7639867	6546462	2760855
广　西	39465714	35863928	371188	2018235	1212363
海　南	9877365	8387516	639216	590786	259847
重　庆	44004712	39849187	584177	2564754	1006594
四　川	97161682	83801784	2919147	7812975	2627776
贵　州	30507703	26797709	249539	2966280	494175
云　南	36834542	32677750	421976	2568836	1165980
西　藏	750586	649897	19704	80985	
陕　西	40534121	35224729	2641421	1719472	948499
甘　肃	11905406	11245999	99161	506132	54114
青　海	3571464	3225084		271062	75318
宁　夏	6065223	5693508	5941	249394	116380
新　疆	10288756	9174826	164996	861239	87695

3-41　各地区按资质等级分的房地产开发企业商品房期房销售额

单位：万元

地　区	总　计	一　级	二　级	三　级	四　级	暂　定	其　他
全国总计	**1532764467**	**41529704**	**160414140**	**164726557**	**123936155**	**851217906**	**190940005**
北　京	28377762	1125669	667388	922842	5451868	19142833	1067162
天　津	18349483	110491	768984	951508	11298675	3832370	1387455
河　北	45838413	2109061	4525018	5637190	10609626	20299477	2658041
山　西	17734051	527161	1317846	1029011	7223173	7520458	116402
内蒙古	11454801	307274	1026481	1080083	4733622	3119049	1188292
辽　宁	28915439	675282	1426747	3656574	48323	12756097	10352416
吉　林	11265526	184428	1215343	1213151	816323	7509405	326876
黑龙江	8201844	64370	918853	2954688	84011	3189436	990486
上　海	41381969	512529	4010767	1721339	10437	33037305	2089592
江　苏	165331039	2725026	32964632	667614	40553	109546344	19386870
浙　江	161419903	3002232	4594467	15735673	3670370	90176369	44240792
安　徽	68142286	1756955	4210500	4719160	714156	49496254	7245261
福　建	67100767	1616565	5018627	7957537	2122751	45669007	4716280
江　西	47865405	755030	1891731	4666117	2422712	32877918	5251897
山　东	103211472	5494070	9539008	9425087	7602826	58905205	12245276
河　南	81672073	3287396	7488989	4753082	1667062	52963945	11511599
湖　北	55605774	1914565	7072403	2600706	2549401	37856740	3611959
湖　南	53959724	1557353	3363600	10527130	10275896	26647129	1588616
广　东	185969462	4383692	7418965	15490199	27752227	96174934	34749445
广　西	39465714	1097005	3181076	3697965	1261268	29462877	765523
海　南	9877365	298375	616248	824477	790720	6041740	1305805
重　庆	44004712	2648943	15450279	2575642	108121	21981983	1239744
四　川	97161682	2089809	22948673	50323611	189364	16175038	5435187
贵　州	30507703	344051	3894316	3731460	2130905	19710688	696283
云　南	36834542	827869	4378057	1474785	7270744	17566120	5316967
西　藏	750586	6200	86160	109152	134588	341544	72942
陕　西	40534121	499721	5107465	2728907	7257494	14787223	10153311
甘　肃	11905406	252459	1846648	1927990	3565845	4289111	23353
青　海	3571464	325289	264853	588741	156328	2068715	167538
宁　夏	6065223	737501	1798803	453123	490665	2240948	344183
新　疆	10288756	293333	1401213	582013	1486101	5831644	694452

3-42 各地区按资质等级分的房地产开发企业商品住宅销售额

单位：万元

地 区	总 计	一 级	二 级	三 级	四 级	暂 定	其 他
全国总计	**1545669552**	**43522498**	**168745975**	**167859178**	**129846803**	**846765549**	**188929549**
北 京	31313068	2340494	1319922	1200469	7326349	18073574	1052260
天 津	20009756	136111	1079743	1047862	12351026	3843585	1551429
河 北	45979141	1986632	4707827	5696152	10753683	20131052	2703795
山 西	17533580	463284	1423989	1188703	7089911	7217471	150222
内蒙古	12425834	339417	1127997	1316744	5241883	3204884	1194909
辽 宁	31141104	777954	1708081	4248228	73298	13985798	10347745
吉 林	12382305	145213	1472957	1274397	1137107	7984239	368392
黑龙江	9461493	65063	1339455	3433964	143273	3451009	1028729
上 海	52688495	534577	6323600	2769266	10437	39860179	3190436
江 苏	180273297	4117636	37921421	1680274	47909	115605223	20900834
浙 江	155848192	2793212	4622808	15542312	4154271	86405909	42329680
安 徽	67608609	1747803	4549381	5230838	727044	48344964	7008579
福 建	63433449	1722521	4977829	7551557	2285358	42510845	4385339
江 西	44251945	709542	1521753	3350266	2921010	31075068	4674306
山 东	101095521	5282348	9406317	9711946	7421531	57335200	11938179
河 南	84025340	3095185	7604266	5017922	2152126	53982741	12173100
湖 北	54473227	1811627	7279088	2676891	2840517	36557858	3307246
湖 南	52235639	1714942	3453294	10176359	9865849	25464377	1560818
广 东	198296308	5721491	8678763	20794077	30106983	98190307	34804687
广 西	38035549	1077404	3090315	3697080	1265533	28209323	695894
海 南	10489151	278161	925121	959403	914628	5934268	1477570
重 庆	42931808	2365598	15028361	2737217	114188	21409011	1277433
四 川	87669649	1495574	20774921	45471867	148235	14936131	4842921
贵 州	27607336	281411	3670683	3228288	1967009	17818986	640959
云 南	34520000	619944	4254538	1355069	6644023	16897530	4748896
西 藏	720278	6200	72858	163955	108551	298441	70273
陕 西	37557683	317684	4913786	2696701	6164667	14116065	9348780
甘 肃	12054187	245948	1838949	1959175	3671712	4307865	30538
青 海	3434151	308699	350869	540131	130268	1973672	130512
宁 夏	6262629	748983	1959442	560613	542039	2146820	304732
新 疆	9910828	271840	1347641	581452	1526385	5493154	690356

3-43　各地区按资质等级分的房地产开发企业90平方米及以下住宅销售额

单位：万元

地　区	总　计	一　级	二　级	三　级	四　级	暂　定	其　他
全国总计	**216430032**	**7109054**	**25171044**	**25332241**	**17975720**	**114264780**	**26577193**
北　京	14050320	857910	474691	438079	1764020	9862241	653379
天　津	3933893	27084	295946	325065	2026416	988795	270587
河　北	8349533	640995	770828	1364934	1592878	3601417	378481
山　西	1202093	3055	126030	84250	499597	467180	21981
内蒙古	1273510	3871	89805	75840	439362	434456	230176
辽　宁	6700249	207457	307673	1040881	31068	3450637	1662533
吉　林	2967821	26476	540214	435003	253159	1604789	108180
黑龙江	2825076	550	418643	833482	84195	1209284	278922
上　海	11421193	363584	1713264	231099	857	8452474	659915
江　苏	14093511	223282	3396836	271736		8585562	1616095
浙　江	17765769	297140	433577	1556544	433444	10004628	5040436
安　徽	3870079	3674	628446	556710	54236	2289740	337273
福　建	17502493	669072	1476544	1668191	375193	12228860	1084633
江　西	3677957	52044	141423	212354	192621	2733396	346119
山　东	5558775	80278	322098	587876	637008	3176788	754727
河　南	13426996	1141715	1297706	1133015	288693	8485321	1080546
湖　北	4579013	152223	1280855	251543	263993	2440838	189561
湖　南	2904685	130085	255362	753244	588029	1112925	65040
广　东	38312487	1242467	1729819	3690376	5932622	15599289	10117914
广　西	5380483	110659	320102	536905	119294	4259380	34143
海　南	2468392	98867	132973	285192	395937	1364356	191067
重　庆	6999146	343844	2040176	611100		3886503	117523
四　川	16362709	325380	4967865	7282565	32327	3223928	530644
贵　州	2463289	712	353813	289805	179270	1545914	93775
云　南	4569248	53107	949006	147928	1044991	2029370	344846
西　藏	134473	1860	16578	29761	16756	69518	
陕　西	1865551	7503	389089	355816	429969	376750	306424
甘　肃	737559	6685	131435	178819	203651	216969	
青　海	280903	6211	33345	43419	1963	190345	5620
宁　夏	161997	14605	62328	15414	10962	33304	25384
新　疆	590829	16659	74574	45295	83209	339823	31269

3-44 各地区按资质等级分的房地产开发企业144平方米以上住宅销售额

单位：万元

地 区	总 计	一 级	二 级	三 级	四 级	暂 定	其 他
全国总计	**289682419**	**10132760**	**38167025**	**36086722**	**28640054**	**143008375**	**33647483**
北 京	10007529	959297	371927	556373	3778980	4072972	267980
天 津	3344693	74648	194773	181135	2498413	197491	198233
河 北	5118177	448956	636148	699670	840968	2123520	368915
山 西	3955641	128407	436572	130058	1496659	1744437	19508
内蒙古	3134315	93013	313611	498745	1712989	338431	177526
辽 宁	5244237	102018	362230	1002235	8312	2256806	1512636
吉 林	2116190	32068	298747	151541	135204	1449373	49257
黑龙江	1145682	2032	257542	549412	11839	207918	116939
上 海	16444745	124245	2417221	1428588		11560552	914139
江 苏	38792799	1506991	9952985	800977	9240	22564778	3957828
浙 江	34444662	455412	1828462	3904738	1531836	17824857	8899357
安 徽	6513141	146777	533653	663654	51069	4489268	628720
福 建	9248556	470193	710037	1618632	631705	5517152	300837
江 西	5721947	51361	345456	692578	767540	3380913	484099
山 东	26326650	1605256	2727811	2405821	1838489	14457443	3291830
河 南	13051355	273167	1487850	793911	400236	8295694	1800497
湖 北	7925137	480616	1376407	305966	350311	4899842	511995
湖 南	10741707	441077	832241	2122006	2048950	5014283	283150
广 东	29678074	875846	2041568	5771117	5757951	11077692	4153900
广 西	5075878	315691	822112	449137	184989	3259054	44895
海 南	1683841	90763	313728	134638	54165	930305	160242
重 庆	7014603	259317	3229653	622830	4602	2769579	128622
四 川	13793426	249454	2168821	8233975	550	2181812	958814
贵 州	3973590	111759	681942	409823	117456	2575759	76851
云 南	10601013	367966	1541450	656067	2353628	4289578	1392324
西 藏	293083	1335	38435	52004	48189	137868	15252
陕 西	9677991	141364	1279476	656523	1458872	3434174	2707582
甘 肃	983319	10102	237869	320876	270311	143634	527
青 海	889969	66719	70509	67835	39589	589592	55725
宁 夏	1329805	175810	407123	117080	52636	458217	118939
新 疆	1410664	71100	250666	88777	184376	765381	50364

3-45　各地区按资质等级分的房地产开发企业办公楼销售额

单位：万元

地　区	总　计	一　级	二　级	三　级	四　级	暂　定	其　他
全国总计	**50474697**	**1711753**	**4565528**	**7186960**	**5444183**	**24289838**	**7276435**
北　京	2449509	13481	28198	141881	1288226	977059	664
天　津	209009	64	8532		142384	27551	30478
河　北	581284	40787	76188	144495	184330	106755	28729
山　西	212698	41735	585	9229	87365	73784	
内蒙古	36728		1028	5884	22561	7255	
辽　宁	280015		1839	69088	1580	192441	15067
吉　林	114652	1796	7668	14223	133	90832	
黑龙江	75300		13936	46739		10754	3871
上　海	4695738	4691	5240	78494		4563427	43886
江　苏	3148565	112282	825587	116737		1740169	353790
浙　江	4666739	39958	93319	688497	101580	2798229	945156
安　徽	962853	58133	55098	147047	3831	577416	121328
福　建	2364081	98012	260848	446193	267345	1245765	45918
江　西	1345170	1393	7839	307890	38057	737798	252193
山　东	2060253	63316	168780	189270	115571	1242861	280455
河　南	1812324	48709	443491	148989	8994	1060949	101192
湖　北	2230247	126045	533760	55837	4291	1239662	270652
湖　南	1218369	38950	45911	441531	179892	508629	3456
广　东	11898632	393398	130288	1945853	1627293	4327836	3473964
广　西	551063	24956	6289	171996	35218	289912	22692
海　南	739611	41461	10002	84033	31393	450124	122598
重　庆	1280613	32083	600449	23148		624933	
四　川	3198681	242557	750895	1686019		293293	225917
贵　州	290383		42210	4582	1634	211572	30385
云　南	669932	86211	154956	38628	187024	151275	51838
西　藏	19704		7338		616	11750	
陕　西	2953436	189940	207591	112395	1025619	565756	852135
甘　肃	104702		3285	16833	36028	48556	
青　海	4148		4148				
宁　夏	75270	10941	8725	34629	3234	17741	
新　疆	224988	854	61505	16820	49984	95754	71

3-46 各地区按资质等级分的房地产开发企业商业营业用房销售额

单位：万元

地区	总计	一级	二级	三级	四级	暂定	其他
全国总计	**98889140**	**3156410**	**13507890**	**16689899**	**11713175**	**43460523**	**10361243**
北京	1729333	21688	64689	61500	1108361	469718	3377
天津	676452	127	6268	89667	424751	132874	22765
河北	1824552	107860	122647	140993	572450	851747	28855
山西	776662	35568	17291	75425	358269	289590	519
内蒙古	924917	43797	80293	256541	418173	71339	54774
辽宁	1819139	33079	141840	379697	2117	873806	388600
吉林	973045	42394	154835	163769	115893	492375	3779
黑龙江	872472	16669	151524	346518	18863	217667	121231
上海	1985726	14890	119444	131910		1614400	105082
江苏	8038286	220368	2069592	275842	5158	4424353	1042973
浙江	6448510	128234	195906	806580	477358	3061739	1778693
安徽	4141389	34789	364066	606922	121361	2566319	447932
福建	5278929	221083	487697	1577643	289955	2494143	208408
江西	5678379	99524	565658	1463851	497553	2423562	628231
山东	4764830	258233	495572	442367	619749	2450486	498423
河南	6366415	212303	653397	435904	311656	3351573	1401582
湖北	3043203	55274	561406	291670	252948	1736850	145055
湖南	4822620	287747	319481	988430	1272962	1783324	170676
广东	9543091	169855	508358	831951	1962136	4369149	1701642
广西	2519439	54361	206759	357701	144138	1684098	72382
海南	732902	14220	113359	46954	15543	414919	127907
重庆	4402016	416288	2083750	329190	1256	1487920	83612
四川	9706730	395141	2219377	5050608	52918	1565343	423343
贵州	3780969	42487	710197	621052	357284	1972994	76955
云南	3096085	82553	232392	249756	1137724	887158	506502
西藏	99172		16987	5983	31904	41629	2669
陕西	2153920	49060	388284	259120	605191	657693	194572
甘肃	673624	7169	123800	181384	166721	177911	16639
青海	318848	24824	38059	47979	46822	126651	34513
宁夏	486278	36860	151451	84751	54474	134206	24536
新疆	1211207	29965	143511	88241	269487	634987	45016

3-47 各地区按用途分的房地产开发企业商品住宅销售套数

单位：套

地 区	住 宅	#90平方米及以下住宅	#144平方米以上住宅
全国总计	**13555925**	**2654163**	**1256116**
北 京	68943	46754	7335
天 津	113545	33324	8820
河 北	503193	110986	28600
山 西	213622	21671	24640
内蒙古	157453	27238	25515
辽 宁	341764	128111	22059
吉 林	156928	56806	12662
黑龙江	136185	61673	7272
上 海	145572	75830	9797
江 苏	1159388	143212	124820
浙 江	762918	154443	78934
安 徽	760693	77648	36482
福 建	489468	164779	29054
江 西	498752	51699	35064
山 东	963273	101088	157072
河 南	1106544	229254	97908
湖 北	512012	62267	35902
湖 南	687391	66926	98757
广 东	1180557	282851	95277
广 西	530605	104577	40397
海 南	61228	23636	4663
重 庆	451736	117190	33868
四 川	1028190	298925	52623
贵 州	425432	59060	37624
云 南	337296	73529	70470
西 藏	6985	2524	1708
陕 西	333128	37809	40946
甘 肃	162380	15288	7593
青 海	35088	4636	6572
宁 夏	77373	5017	9470
新 疆	148283	15412	14212

3-48 各地区按资质等级分的房地产开发企业商品住宅销售套数

单位：套

地区	总计	一级	二级	三级	四级	暂定	其他
全国总计	**13555925**	**345639**	**1569576**	**1748852**	**1292638**	**7212138**	**1387082**
北京	68943	5707	4988	2180	16309	37809	1950
天津	113545	802	7406	5954	66568	22989	9826
河北	503193	18260	47579	64520	130395	210984	31455
山西	213622	6135	15766	18235	93148	78067	2271
内蒙古	157453	2567	15908	17829	67385	38634	15130
辽宁	341764	11253	20818	59691	1772	160808	87422
吉林	156928	1368	19293	17268	19313	94138	5548
黑龙江	136185	571	19576	49616	5138	45501	15783
上海	145572	3808	18783	4986	29	109624	8342
江苏	1159388	26895	262834	14222	312	711190	143935
浙江	762918	13569	22662	77916	27166	423876	197729
安徽	760693	14719	58681	75429	10383	517687	83794
福建	489468	10364	39487	72484	13927	323020	30186
江西	498752	7387	17549	43028	31860	346895	52033
山东	963273	45642	86684	111611	93032	523823	102481
河南	1106544	43134	109820	72217	35072	684416	161885
湖北	512012	11257	52276	32803	47832	330432	37412
湖南	687391	19574	45718	145557	138900	314040	23602
广东	1180557	18864	44979	99412	198563	653793	164946
广西	530605	11267	35784	60935	20121	390872	11626
海南	61228	1465	4325	5734	6206	35410	8088
重庆	451736	23199	150866	37868	1734	225283	12786
四川	1028190	17458	259952	499869	2273	201072	47566
贵州	425432	4016	47793	51030	35476	274437	12680
云南	337296	5158	39001	16948	80989	158517	36683
西藏	6985	131	649	1600	1220	3018	367
陕西	333128	2941	48191	34999	65037	115093	66867
甘肃	162380	4685	23547	27467	47383	58622	676
青海	35088	2345	3674	6986	1778	18675	1630
宁夏	77373	7786	24559	9521	8762	23959	2786
新疆	148283	3312	20428	10937	24555	79454	9597

3-49　各地区按用途分的房地产开发企业商品住宅现房销售套数

单位：套

地　区	住　宅	#90平方米及以下住宅	#144平方米以上住宅
全国总计	**1398223**	**438578**	**167421**
北　京	12634	6282	2325
天　津	14433	4754	2114
河　北	39387	10628	3215
山　西	17985	3047	2936
内蒙古	33044	7817	6749
辽　宁	56648	32980	5169
吉　林	35613	17890	2531
黑龙江	40350	23760	2355
上　海	46450	23198	4129
江　苏	185273	40220	24137
浙　江	35477	8255	7721
安　徽	63544	25230	3883
福　建	36634	13640	6341
江　西	40858	5456	5346
山　东	81074	20041	11420
河　南	169586	46278	12754
湖　北	47535	13065	3897
湖　南	58595	12616	10729
广　东	142199	44601	20583
广　西	39231	14665	3690
海　南	12323	6254	1120
重　庆	35827	17964	3397
四　川	42951	13102	3629
贵　州	19288	5666	1891
云　南	21229	5617	6223
西　藏	679	208	251
陕　西	24568	4516	3850
甘　肃	15637	4280	937
青　海	2803	788	876
宁　夏	11064	2193	1424
新　疆	15304	3567	1799

3-50 各地区按用途分的房地产开发企业商品住宅期房销售套数

单位：套

地 区	住 宅	#90平方米及以下住宅	#144平方米以上住宅
全国总计	**12157702**	**2215585**	**1088695**
北 京	56309	40472	5010
天 津	99112	28570	6706
河 北	463806	100358	25385
山 西	195637	18624	21704
内蒙古	124409	19421	18766
辽 宁	285116	95131	16890
吉 林	121315	38916	10131
黑龙江	95835	37913	4917
上 海	99122	52632	5668
江 苏	974115	102992	100683
浙 江	727441	146188	71213
安 徽	697149	52418	32599
福 建	452834	151139	22713
江 西	457894	46243	29718
山 东	882199	81047	145652
河 南	936958	182976	85154
湖 北	464477	49202	32005
湖 南	628796	54310	88028
广 东	1038358	238250	74694
广 西	491374	89912	36707
海 南	48905	17382	3543
重 庆	415909	99226	30471
四 川	985239	285823	48994
贵 州	406144	53394	35733
云 南	316067	67912	64247
西 藏	6306	2316	1457
陕 西	308560	33293	37096
甘 肃	146743	11008	6656
青 海	32285	3848	5696
宁 夏	66309	2824	8046
新 疆	132979	11845	12413

3-51　各地区按资质等级分的房地产开发企业90平方米及以下住宅销售套数

单位：套

地　区	总　计	一　级	二　级	三　级	四　级	暂　定	其　他
全国总计	**2654163**	**71443**	**357184**	**404973**	**234382**	**1330748**	**255433**
北　京	46754	3800	3020	1338	9914	27245	1437
天　津	33324	441	2774	2811	17288	7510	2500
河　北	110986	6863	9351	17935	22670	47714	6453
山　西	21671	83	1398	2105	10302	7456	327
内蒙古	27238	74	2612	2018	10725	7723	4086
辽　宁	128111	4295	6717	25129	964	66458	24548
吉　林	56806	317	9434	8150	6288	30311	2306
黑龙江	61673	14	8553	21602	3693	20738	7073
上　海	75830	3526	11045	1480	3	55998	3778
江　苏	143212	1839	39362	5225		80060	16726
浙　江	154443	2544	3755	14630	5693	85326	42495
安　徽	77648	45	13240	15100	1056	42458	5749
福　建	164779	5948	15027	22962	5038	106819	8985
江　西	51699	622	2215	3583	3086	37423	4770
山　东	101088	1233	5966	16103	15123	51550	11113
河　南	229254	16765	28505	18943	6333	139387	19321
湖　北	62267	1574	11348	3419	6090	36002	3834
湖　南	66926	2141	5874	19189	13963	24114	1645
广　东	282851	5108	15592	20963	49083	136214	55891
广　西	104577	1850	6074	12426	2747	80552	928
海　南	23636	650	1251	2592	3550	13783	1810
重　庆	117190	4153	36621	11861		62654	1901
四　川	298925	5699	84523	133090	581	63863	11169
贵　州	59060	40	6984	6769	5049	36441	3777
云　南	73529	602	13479	2638	19970	31790	5050
西　藏	2524	51	266	485	321	1401	
陕　西	37809	216	6120	5773	7274	12056	6370
甘　肃	15288	104	1926	3963	4246	5049	
青　海	4636	105	484	680	48	3238	81
宁　夏	5017	352	1866	607	291	1290	611
新　疆	15412	389	1802	1404	2993	8125	699

3-52 各地区按资质等级分的房地产开发企业144平方米以上住宅销售套数

单位：套

地　区	总 计	一 级	二 级	三 级	四 级	暂 定	其 他
全国总计	**1256116**	**38235**	**162561**	**164831**	**152460**	**613687**	**124342**
北　京	7335	596	322	307	2530	3276	304
天　津	8820	146	483	448	6546	511	686
河　北	28600	1755	3964	3826	5074	11480	2501
山　西	24640	1078	2961	1236	10635	8530	200
内蒙古	25515	415	2724	4501	13269	2952	1654
辽　宁	22059	748	1629	4701	106	9560	5315
吉　林	12662	211	1625	959	1212	8164	491
黑龙江	7272	17	1687	2974	193	1362	1039
上　海	9797	134	1274	921		6774	694
江　苏	124820	4011	29064	1964	41	72353	17387
浙　江	78934	1040	4254	8284	5064	42245	18047
安　徽	36482	462	3031	3976	358	25442	3213
福　建	29054	1009	1566	7279	1726	16647	827
江　西	35064	413	2099	5692	2838	20778	3244
山　东	157072	9841	18843	15654	14034	80992	17708
河　南	97908	2399	13364	6778	4746	60063	10558
湖　北	35902	942	4224	2208	3782	21218	3528
湖　南	98757	2362	6800	20178	21759	44120	3538
广　东	95277	1594	3668	14691	22016	42868	10440
广　西	40397	1123	6276	4342	1961	26385	310
海　南	4663	192	480	330	132	2822	707
重　庆	33868	1222	15219	3924	6	12975	522
四　川	52623	913	9275	30009	3	9210	3213
贵　州	37624	1041	4696	4084	1458	25294	1051
云　南	70470	2001	8153	6288	19449	27068	7511
西　藏	1708	15	201	322	352	749	69
陕　西	40946	613	6806	4010	7988	13543	7986
甘　肃	7593	115	1493	2028	2394	1555	8
青　海	6572	299	604	573	317	4389	390
宁　夏	9470	968	3074	1263	404	3138	623
新　疆	14212	560	2702	1081	2067	7224	578

3-53　各地区按用途分的房地产开发企业商品房平均销售价格

单位：元/平方米

地　区	商品房平均销售价格	住　宅	办公楼	商业营业用房	其　他
全国总计	**9860**	**9980**	**15138**	**10646**	**4787**
北　京	37665	42684	33454	32399	9726
天　津	16172	16391	11406	15683	9729
河　北	8212	8251	9850	9600	5402
山　西	7023	6877	9170	13602	6062
内蒙古	6674	6654	6766	7790	4926
辽　宁	8993	9034	12254	10630	4146
吉　林	7544	7488	7997	9423	5761
黑龙江	7121	7009	11910	8504	6541
上　海	33798	36741	46181	23714	6481
江　苏	12581	13011	11358	10657	4870
浙　江	16726	17645	16185	14990	6415
安　徽	7705	7775	7800	8633	3177
福　建	11348	12175	10516	12221	5269
江　西	7757	7560	9088	10238	5380
山　东	8338	8492	10223	9646	4074
河　南	6641	6549	11064	7463	5698
湖　北	9241	9140	17254	11966	4637
湖　南	6302	6141	11007	8910	4282
广　东	15141	15335	26551	15621	6518
广　西	6318	6331	10133	8450	3817
海　南	16394	16751	16337	19297	8533
重　庆	8255	8917	11998	8477	2986
四　川	7840	8041	9528	10422	3094
贵　州	5807	5600	7546	9236	3226
云　南	8173	8267	10598	10593	4336
西　藏	9000	8824	8033	10861	3327
陕　西	9828	9624	14743	12930	5954
甘　肃	6572	6467	12827	9254	4385
青　海	8160	8164	8584	10288	4297
宁　夏	6375	6444	6044	7572	3403
新　疆	5835	5588	8315	9394	3253

3-54 各地区按资质等级分的房地产开发企业商品房平均销售价格

单位：元/平方米

地区	总计	一级	二级	三级	四级	暂定	其他
全国总计	**9860**	**10289**	**9174**	**8464**	**8677**	**10185**	**11857**
北京	37665	33749	25727	47277	33009	41531	45964
天津	16172	16700	13905	16542	16519	16349	14653
河北	8212	10109	8590	8092	7307	8679	7556
山西	7023	6005	7289	5758	6556	7945	5766
内蒙古	6674	9325	6180	6122	6422	7496	6635
辽宁	8993	6963	7505	7043	4582	8913	11211
吉林	7544	8783	7514	7386	5761	7989	6454
黑龙江	7121	10321	7053	7049	3466	7678	6763
上海	33798	16942	31753	34111	32821	34521	33783
江苏	12581	11468	11580	9871	10901	13214	11904
浙江	16726	16551	15902	15512	11299	16896	17912
安徽	7705	9504	6935	6261	6121	8032	7431
福建	11348	13053	10912	8982	13198	11736	13012
江西	7757	8541	7738	8075	7663	7730	7611
山东	8338	8378	8158	7256	6486	8700	9482
河南	6641	6696	6187	6250	5407	6871	6443
湖北	9241	13580	11922	6961	5173	9610	7872
湖南	6302	7478	6406	5953	5910	6626	5373
广东	15141	24567	17354	17406	13019	13712	20193
广西	6318	7951	7021	5453	5482	6415	5410
海南	16394	16937	18218	16652	16163	15924	17215
重庆	8255	8690	8269	6338	5361	8510	9209
四川	7840	7385	7658	8156	6322	6973	9234
贵州	5807	5459	6669	5758	5007	5792	5141
云南	8173	8036	8946	6153	6751	8575	10117
西藏	9000	7108	9025	9275	8149	8566	14884
陕西	9828	9623	8623	6745	8866	10561	12116
甘肃	6572	4353	6611	6482	6859	6576	4849
青海	8160	10713	7941	6859	5747	8788	6764
宁夏	6375	7222	6352	4888	5026	6928	8789
新疆	5835	6081	5592	4920	5671	6057	5890

3-55 各地区按资质等级分的房地产开发企业90平方米及以下住宅平均销售价格

单位：元/平方米

地 区	总 计	一 级	二 级	三 级	四 级	暂 定	其 他
全国总计	**10610**	**12652**	**9051**	**8175**	**10310**	**11181**	**13327**
北 京	37139	29264	20553	43005	23133	43485	51584
天 津	14608	8578	13467	13989	14655	15745	13628
河 北	9275	11641	9850	9211	8712	9393	7214
山 西	7235	4538	13586	4912	6329	8131	8270
内蒙古	6081	6808	4987	5343	5407	7185	6590
辽 宁	7391	6310	5626	5540	4974	7863	8936
吉 林	6564	10600	7123	6432	4929	6774	6038
黑龙江	5904	6173	6629	4899	3071	7431	5071
上 海	20140	14138	20413	19197	32835	20203	24438
江 苏	12426	14636	11191	6674		13348	12293
浙 江	14308	14505	15278	13355	10220	14612	14436
安 徽	6180	9413	5645	4594	6809	6765	7194
福 建	13631	14128	13178	9845	10204	14370	16103
江 西	9258	9964	8332	7091	8300	9658	8900
山 东	7740	9266	7549	6586	5803	8184	9472
河 南	7299	8315	5540	8123	5889	7574	6784
湖 北	9298	16031	13547	9305	5935	8544	6067
湖 南	6148	8710	6491	5931	6087	6107	5254
广 东	18370	30532	16274	25329	17334	15444	22967
广 西	6794	8123	6787	5833	5724	6972	4640
海 南	14857	19568	14900	15313	15646	14243	15361
重 庆	7753	10840	7187	7194		7951	8716
四 川	6709	6745	7260	6751	6417	6052	5909
贵 州	6113	3867	7605	6324	4732	6123	4669
云 南	8593	11341	9454	7800	7290	8980	8994
西 藏	7775	6889	7807	8805	6796	7676	
陕 西	8236	4099	8745	7385	8049	9158	8182
甘 肃	6274	7450	8033	5800	5794	6321	
青 海	8371	9391	9800	7830	5155	8241	11930
宁 夏	4593	6473	4971	3290	6050	3167	7329
新 疆	5135	6220	5607	4441	3659	5643	5282

3-56 各地区按资质等级分的房地产开发企业144平方米以上住宅平均销售价格

单位：元/平方米

地　区	总 计	一 级	二 级	三 级	四 级	暂 定	其 他
全国总计	**13118**	**14466**	**13163**	**12223**	**10572**	**13426**	**15506**
北　京	55385	59730	51110	79977	54059	54883	42671
天　津	21503	26374	19894	21130	21922	21510	17695
河　北	10794	15017	9488	10636	9633	11509	9303
山　西	9155	6952	8277	6123	8035	11617	6068
内蒙古	7091	10360	6828	6271	7539	6848	5744
辽　宁	12791	8136	10678	11508	4171	12614	15831
吉　林	9530	9248	9282	9685	6578	10178	6315
黑龙江	9365	6459	8999	10762	3460	9556	6812
上　海	78044	56511	92428	69380		78432	63598
江　苏	16968	21339	17440	19234	7562	17382	13023
浙　江	23077	21964	23016	22550	14188	22863	26832
安　徽	10338	15086	9953	9177	7185	10386	11434
福　建	17059	23877	22340	10848	18568	18888	19602
江　西	9436	7359	9732	7444	14816	9232	9159
山　东	9948	9444	8265	9161	7776	10696	11132
河　南	8185	7118	6927	7168	5380	8469	10188
湖　北	12817	28536	18778	7938	5328	13340	9043
湖　南	6622	10166	7336	6257	5781	7007	5049
广　东	16980	25326	27531	20180	14298	14546	21997
广　西	6984	14310	7598	5607	5250	6872	6446
海　南	20111	20548	31683	21589	18464	19611	12517
重　庆	11649	12103	12209	9186	21759	11560	14971
四　川	15148	12239	14007	15555	9804	14255	18116
贵　州	6452	6455	8529	5945	4990	6298	4474
云　南	7914	8739	10151	5631	6254	8370	9931
西　藏	9287	4509	10785	9766	8063	8962	15037
陕　西	13790	12832	11427	9302	10961	14847	18822
甘　肃	7708	5824	9139	8999	6857	5840	3956
青　海	8574	11978	6742	7303	7006	8795	9613
宁　夏	8208	10232	7789	5338	7764	8819	10004
新　疆	5859	6304	5509	5007	5534	6214	5149

3-57　各地区按用途分的房地产开发企业商品房待售面积

单位：平方米

地　区	商品房待售面积	住　宅	办公楼	商业营业用房	其　他
全国总计	**498498233**	**223792152**	**37956376**	**129342835**	**107406870**
北　京	24541585	8818904	5304869	3835483	6582329
天　津	8235994	4376943	1049362	1635381	1174308
河　北	9051703	5998421	468824	1329415	1255043
山　西	7854015	4644617	241631	1679335	1288432
内蒙古	9703780	5520809	431958	2631178	1119835
辽　宁	29020036	18639034	815494	7159639	2405869
吉　林	11127220	6087556	610559	2958965	1470140
黑龙江	15980745	9199583	428275	4011826	2341061
上　海	25357346	6889385	4502464	4364258	9601239
江　苏	42858611	19872955	4162706	13243168	5579782
浙　江	22148486	6806429	3860465	7346335	4135257
安　徽	15417239	6660911	1143273	5334924	2278131
福　建	18073697	4794427	1551885	4630139	7097246
江　西	8034544	4089193	193753	2806461	945137
山　东	25333793	14352080	1775277	6166171	3040265
河　南	26285206	17216753	1203750	5340898	2523805
湖　北	11981709	6175766	750850	3637343	1417750
湖　南	13337871	6412402	702885	4346250	1876334
广　东	59785384	26253830	4308735	11561250	17661569
广　西	12812060	6688184	286865	3455243	2381768
海　南	5705690	4115432	106206	868195	615857
重　庆	20821026	3903657	760384	5482113	10674872
四　川	20934642	4783765	813237	5347821	9989819
贵　州	5574276	1862579	299160	1833627	1578910
云　南	11594706	4707610	415310	3693413	2778373
西　藏	317023	70813	22262	166520	57428
陕　西	5928066	2624324	267393	1996751	1039598
甘　肃	5989065	3122767	125311	1997485	743502
青　海	1341205	532493	118127	594156	96429
宁　夏	9930521	3308311	751363	3955317	1915530
新　疆	13420989	5262219	483743	5933775	1741252

3-58 各地区按资质等级分的房地产开发企业商品房待售面积

单位：平方米

地　区	总　计	一　级	二　级	三　级	四　级	暂　定	其　他
全国总计	**498498233**	**19266841**	**84273109**	**100697615**	**86088144**	**179515504**	**28657020**
北　京	24541585	1830186	3437110	1692273	12649005	4018141	914870
天　津	8235994	51917	625778	682355	5529807	923252	422885
河　北	9051703	336803	1859754	1376258	2881944	2394403	202541
山　西	7854015	325978	1269595	822069	4086230	1212382	137761
内蒙古	9703780	402755	1662491	1458640	5012344	709925	457625
辽　宁	29020036	662629	3381305	8621102	762713	13684030	1908257
吉　林	11127220	50549	2644565	1733532	2376170	4039770	282634
黑龙江	15980745	450428	3749001	7260663	792750	2738151	989752
上　海	25357346	541675	2652696	2972498	650	17150151	2039676
江　苏	42858611	1980698	13454007	2518761	60402	20798001	4046742
浙　江	22148486	855897	1612388	6154301	3511259	7828050	2186591
安　徽	15417239	666734	1931162	4235379	1023201	6895949	664814
福　建	18073697	550725	2049423	7380815	2517851	5038000	536883
江　西	8034544	54236	953175	1464857	849996	4091125	621155
山　东	25333793	964400	2301670	3966887	4348197	12166096	1586543
河　南	26285206	1052064	4136481	3017158	1459455	13416026	3204022
湖　北	11981709	523666	1556518	1855739	3037878	4431042	576866
湖　南	13337871	266913	1572899	4770336	3357988	2937305	432430
广　东	59785384	2616330	2757807	13347400	15767988	21236774	4059085
广　西	12812060	221876	1468824	2622060	816108	7222978	460214
海　南	5705690	1260	414920	1053129	823726	2979027	433628
重　庆	20821026	1818375	11167610	2032666	35863	5530128	236384
四　川	20934642	960237	5285501	10645269	291979	3289053	462603
贵　州	5574276		1925621	739333	936202	1748325	224795
云　南	11594706	325162	1848395	1117331	4482690	3450024	371104
西　藏	317023		49445	113624	120831	24367	8756
陕　西	5928066	410072	1611859	1419168	1726765	327601	432601
甘　肃	5989065	3624	743980	1769782	1877560	1504396	89723
青　海	1341205	39454	327339	203429	283032	265068	222883
宁　夏	9930521	1085872	4130654	2130872	1110157	1403905	69061
新　疆	13420989	216326	1691136	1519929	3557403	6062059	374136

3-59　各地区按用途分的房地产开发企业商品房待售1-3年面积

单位：平方米

地　区	待售1-3年面　积	住　宅	办公楼	商业营业用房	其　他
全国总计	**213667202**	**102435622**	**15445461**	**49537452**	**46248667**
北　京	10493095	3411802	2616231	1657747	2807315
天　津	3715049	2156890	612380	672017	273762
河　北	3771377	2447863	103669	562360	657485
山　西	2730291	1732028	92227	512227	393809
内蒙古	4667613	2828996	198768	1144707	495142
辽　宁	15053636	9704926	414130	3544539	1390041
吉　林	4230292	2754239	22957	821371	631725
黑龙江	4858080	3220732	102403	990901	544044
上　海	6183327	1462169	1090498	808204	2822456
江　苏	20630497	11279149	1349040	5162532	2839776
浙　江	7799171	3276985	1199721	2057674	1264791
安　徽	9029251	4157927	640311	2969642	1261371
福　建	6528370	1952630	660423	1612593	2302724
江　西	4025286	2143755	66182	1271924	543425
山　东	10924052	6870936	599381	1964862	1488873
河　南	7121145	4394732	503638	1464926	757849
湖　北	4922964	2843371	338437	1297103	444053
湖　南	6673163	3433894	363844	2080777	794648
广　东	32820965	14172566	2541361	6074162	10032876
广　西	5351304	3108196	111830	1187081	944197
海　南	2626557	2109531	10140	319179	187707
重　庆	11269956	2194964	380269	2809937	5884786
四　川	9502773	2283551	451425	2312981	4454816
贵　州	2109561	917383	89315	636508	466355
云　南	3480343	1629973	139943	902743	807684
西　藏	224869	45392	22262	112108	45107
陕　西	2170062	1202123	109991	472541	385407
甘　肃	2194306	1282385	25908	611219	274794
青　海	713996	279243	99054	272423	63276
宁　夏	2733370	1113848	231417	951919	436186
新　疆	5112481	2023443	258306	2278545	552187

3-60 各地区按资质等级分的房地产开发企业商品房待售1-3年面积

单位：平方米

地　区	总　计	一　级	二　级	三　级	四　级	暂　定	其　他
全国总计	**213667202**	**8161543**	**34086368**	**40557877**	**37093519**	**80054441**	**13713454**
北　京	10493095	685342	1460809	805570	5468022	1551352	522000
天　津	3715049	17629	336674	279202	2618874	284089	178581
河　北	3771377	53409	522457	462958	1400378	1238583	93592
山　西	2730291	96664	388823	253060	1526251	455149	10344
内蒙古	4667613	294620	370200	779072	2641917	332587	249217
辽　宁	15053636	358737	1156002	3823055	576882	7748166	1390794
吉　林	4230292	8571	1014637	991689	712035	1336102	167258
黑龙江	4858080	146361	900542	2030963	265815	1184014	330385
上　海	6183327	7597	448577	887938		4040979	798236
江　苏	20630497	735030	6175915	737649	22045	10668236	2291622
浙　江	7799171	177845	458715	1884876	1331045	2885771	1060919
安　徽	9029251	450290	1003656	2565874	695847	3936763	376821
福　建	6528370	93048	775472	2247744	944861	2259079	208166
江　西	4025286	44304	492227	690907	394802	2040919	362127
山　东	10924052	373679	717970	1649209	1484580	5788582	910032
河　南	7121145	303344	1774990	943633	496775	2935169	667234
湖　北	4922964	270593	491297	704530	1073900	2093616	289028
湖　南	6673163	199670	755359	2306808	1641269	1698266	71791
广　东	32820965	1886155	1472351	6988007	8257847	12074277	2142328
广　西	5351304	9959	394377	1103841	332690	3343082	167355
海　南	2626557	1260	96965	479256	433228	1438108	177740
重　庆	11269956	838812	6381243	940238	1178	2989661	118824
四　川	9502773	547254	2348014	4522572	113766	1747713	223454
贵　州	2109561		691096	200369	382130	767642	68324
云　南	3480343	97360	500842	320886	1379638	982040	199577
西　藏	224869		25889	97255	89132	3837	8756
陕　西	2170062	63438	687885	457428	589651	105297	266363
甘　肃	2194306	3624	387641	512416	723966	566659	
青　海	713996	39454	202808	70533	57642	120676	222883
宁　夏	2733370	286454	1057688	437404	277297	662487	12040
新　疆	5112481	71040	595247	382935	1160056	2775540	127663

3-61　各地区按用途分的房地产开发企业商品房待售3年以上面积

单位：平方米

地　区	待售3年以上面　积	住　宅	办公楼	商业营业用房	其　他
全国总计	**140784397**	**48243324**	**12163587**	**46944472**	**33433014**
北　京	9641889	3776981	1509773	1781173	2573962
天　津	2007232	555401	356992	508520	586319
河　北	1829986	1197640	57391	358066	216889
山　西	2400399	1304452	84711	653449	357787
内蒙古	2425546	995176	115207	906770	408393
辽　宁	6059431	3703513	144228	1697331	514359
吉　林	4299779	1648954	475910	1546349	628566
黑龙江	6939350	3343226	117623	2260034	1218467
上　海	10488085	2354675	2000929	2475731	3656750
江　苏	9914978	2412004	1570289	4684788	1247897
浙　江	9939273	2261852	1653045	4026990	1997386
安　徽	1514654	397652	117506	747704	251792
福　建	7935238	1571726	477310	2319117	3567085
江　西	1478111	484245	37625	831271	124970
山　东	6488084	2714678	512338	2623976	637092
河　南	4266745	2753373	327445	905700	280227
湖　北	4048793	1580886	250833	1518870	698204
湖　南	3643629	1523781	121343	1330379	668126
广　东	9379282	3101891	663880	2656397	2957114
广　西	4445914	1963106	149547	1411472	921789
海　南	1847854	1155269	39030	384696	268859
重　庆	5120987	918474	302954	1376435	2523124
四　川	6451155	718757	270665	1954252	3507481
贵　州	1356897	168660	136374	556432	495431
云　南	3491407	964182	104684	1490318	932223
西　藏	6580	1106		5172	302
陕　西	1681655	569791	46545	699123	366196
甘　肃	1813753	894143	27704	718347	173559
青　海	236816	65276	12133	132354	27053
宁　夏	4413847	1281424	330466	1956144	845813
新　疆	5217048	1861030	149107	2427112	779799

3-62 各地区按资质等级分的房地产开发企业商品房待售3年以上面积

单位：平方米

地区	总计	一级	二级	三级	四级	暂定	其他
全国总计	**140784397**	**5879191**	**27422641**	**35968066**	**25846432**	**40113838**	**5554229**
北京	9641889	1045608	1139347	802569	5387780	873716	392869
天津	2007232	17703	246018	208908	1154021	309608	70974
河北	1829986	196319	646654	353433	461194	158578	13808
山西	2400399	101211	516101	255435	1369760	156543	1349
内蒙古	2425546	53915	776618	356190	1108721	81387	48715
辽宁	6059431	76119	895952	2556669	74022	2381299	75370
吉林	4299779	41978	1078571	500343	935195	1743692	
黑龙江	6939350	304067	1867601	3589594	185986	921436	70666
上海	10488085	234710	1373251	1684348	650	6379474	815652
江苏	9914978	373923	3503247	886615	25817	4606111	519265
浙江	9939273	405947	1001143	3040418	1618948	3252498	620319
安徽	1514654	144956	347826	435200	87678	432935	66059
福建	7935238	305534	732921	4194201	1243791	1290208	168583
江西	1478111	9932	207947	291807	270942	624876	72607
山东	6488084	324457	507347	1619051	1587570	2210104	239555
河南	4266745	141460	399604	523445	288574	2497256	416406
湖北	4048793	175507	667489	834919	1038596	1234216	98066
湖南	3643629	56846	619493	1277380	945238	465872	278800
广东	9379282	226749	399610	3374921	2360400	2226347	791255
广西	4445914	16626	673363	956475	292676	2375587	131187
海南	1847854		292437	495644	284295	619839	155639
重庆	5120987	683158	2473877	605198	13742	1259584	85428
四川	6451155	176953	1948484	3330581	137630	686325	171182
贵州	1356897		588227	196891	234472	337307	
云南	3491407	85666	611507	360766	1685860	693712	53896
西藏	6580					6580	
陕西	1681655	151447	661797	364108	376517	99738	28048
甘肃	1813753		119636	711054	596785	350833	35445
青海	236816		85105	76946	38363	36402	
宁夏	4413847	383114	2053466	1271285	486697	210238	9047
新疆	5217048	145286	988002	813672	1554512	1591537	124039

3-63 各地区房地产开发企业90平方米及以下住宅待售情况

单位：平方米

地 区	待售面积		
		待售1-3年	待售3年以上
全国总计	**53897427**	**23303874**	**13507583**
北 京	2795422	1226020	831059
天 津	1102351	566025	208160
河 北	1136974	520586	223759
山 西	895162	356623	237465
内蒙古	1096627	467647	348213
辽 宁	8679862	4684766	1273451
吉 林	3133949	1360214	1155685
黑龙江	4394496	1248347	1732948
上 海	2332560	317468	578474
江 苏	2844731	1289824	296131
浙 江	1049518	488979	368134
安 徽	1227290	814313	69872
福 建	825259	401404	238220
江 西	364585	126714	66948
山 东	2231981	902097	822243
河 南	3249775	661677	456457
湖 北	996581	412030	402060
湖 南	901486	345974	376999
广 东	5005019	2862318	659775
广 西	1428844	487180	686439
海 南	2190529	1132067	731185
重 庆	1193589	709478	260304
四 川	1180831	610063	264267
贵 州	189295	72782	30201
云 南	785995	253786	158521
西 藏	11777	350	1106
陕 西	432407	230250	58461
甘 肃	612773	338790	164790
青 海	65589	40494	19794
宁 夏	560505	139959	340354
新 疆	981665	235649	446108

3-64 各地区房地产开发企业土地开发及其购置情况

地区	待开发土地面积(平方米)	本年土地购置面积(平方米)	本年土地成交价款(万元)
全国总计	**435145101**	**255362826**	**172688336**
北京	5685774	1470670	7412677
天津	5876670	2670567	3213470
河北	17865886	6934295	2211402
山西	7504424	6025303	2003017
内蒙古	6932120	4302664	1006149
辽宁	15374426	7186659	3521892
吉林	4323302	4851200	1581091
黑龙江	2230206	4187027	1190176
上海	3253783	2707426	3528843
江苏	37646604	23881661	22455942
浙江	13724645	20428065	29166125
安徽	31072135	29819321	13676402
福建	7368293	5985036	6531619
江西	10168502	5519946	2787724
山东	36376702	24657986	10545909
河南	23900208	8312664	5066796
湖北	24164304	7108015	4757397
湖南	23464028	9219526	3208445
广东	40055305	15652589	23691423
广西	12202152	14345321	5232822
海南	3993586	475313	244651
重庆	21062606	8129481	3200074
四川	21020320	9879989	6207090
贵州	14485646	3485664	1706316
云南	17512666	10552735	3610619
西藏	88828	153799	79236
陕西	7705183	4137653	2048940
甘肃	2597619	2047345	573898
青海	852618	1113986	377722
宁夏	4834443	1729434	492579
新疆	11802117	8391486	1357890

3-65　各地区按资质等级分的房地产开发企业待开发土地面积

单位：平方米

地　区	总　计	一　级	二　级	三　级	四　级	暂　定	其　他
全国总计	**435145101**	**8307906**	**41135391**	**54702838**	**44021380**	**250281459**	**36696127**
北　京	5685774	121296	364682	466853	2065478	2455170	212295
天　津	5876670	72248	28432	1223366	3609422	672651	270551
河　北	17865886	1049329	987972	2014427	5138699	8091172	584287
山　西	7504424	42870	193927	289632	1647471	5297504	33020
内蒙古	6932120	757296	357871	858780	3155963	1200358	601852
辽　宁	15374426	84232	408585	6014817		7036363	1830429
吉　林	4323302		373149	129986	120787	3610559	88821
黑龙江	2230206		659707	577783	86674	821174	84868
上　海	3253783	73309	82565	508984		2248934	339991
江　苏	37646604	1255070	4940983	608116		28137821	2704614
浙　江	13724645	130353	988059	1179635	865364	7048590	3512644
安　徽	31072135	91682	482250	2327266	580143	24397777	3193017
福　建	7368293	163083	761077	796693	463791	4844294	339355
江　西	10168502		136194	844339	156341	8241936	789692
山　东	36376702	419522	1836964	5593907	4209281	20515691	3801337
河　南	23900208	378877	1981961	1700478	711256	15540008	3587628
湖　北	24164304	288551	540600	1644423	1887834	18584014	1218882
湖　南	23464028	123819	1304679	5770280	4950938	10322738	991574
广　东	40055305	719983	2387718	4151542	3402873	24136385	5256804
广　西	12202152	96776	516047	876275	222553	10333479	157022
海　南	3993586		23140	331275	1022721	2383756	232694
重　庆	21062606	597562	7455543	1575314	30333	9996133	1407721
四　川	21020320	153056	7606324	9138525		2719424	1402991
贵　州	14485646		1913682	1109502	674469	10351483	436510
云　南	17512666	1060933	1384715	1298149	2991711	8691057	2086101
西　藏	88828				53350	35478	
陕　西	7705183		1167537	927137	2126168	2232886	1251455
甘　肃	2597619		71434	477451	907111	1139623	2000
青　海	852618		2924	25383	72276	617309	134726
宁　夏	4834443	101994	1717347	723379	401713	1890010	
新　疆	11802117	526065	459323	1519141	2466660	6687682	143246

3-66 各地区按资质等级分的房地产开发企业土地购置面积

单位：平方米

地 区	总 计	一 级	二 级	三 级	四 级	暂 定	其 他
全国总计	**255362826**	**3988178**	**15850734**	**17650034**	**11612208**	**171203336**	**35058336**
北 京	1470670	69888		101367	62168	1190025	47222
天 津	2670567	89796	143677		609082	1403271	424741
河 北	6934295	224930	188368	921836	898232	4574775	126154
山 西	6025303	112289	79705	437007	1019647	4343246	33409
内蒙古	4302664	8387	125745	321841	1064906	2064271	717514
辽 宁	7186659	84432	346772	356443	46869	3509454	2842689
吉 林	4851200		208726	158831	671090	3668689	143864
黑龙江	4187027		153547	542650	92659	3086122	312049
上 海	2707426		48317			2103029	556080
江 苏	23881661	102774	4644025	435288		15939936	2759638
浙 江	20428065	501212	713851	1238650	422826	10343999	7207527
安 徽	29819321	387483	417452	1704878	308638	24182484	2818386
福 建	5985036		171781	581512	42121	4629149	560473
江 西	5519946		41516	292193	105038	4574167	507032
山 东	24657986	815450	1236359	1688335	1692984	15273517	3951341
河 南	8312664	208423	273994	199724	107093	6332686	1190744
湖 北	7108015	53356	80266	463390	469809	5142571	898623
湖 南	9219526		185367	1086997	1377378	6427617	142167
广 东	15652589	145496	314026	339967	470171	9422526	4960403
广 西	14345321	196415	253703	772329	364642	12707399	50833
海 南	475313			17385		261495	196433
重 庆	8129481	316972	2266203	338472		5034007	173827
四 川	9879989	73333	2499926	4647473	12577	2022325	624355
贵 州	3485664	73209	58314	191908	5200	3065701	91332
云 南	10552735		247896	78336	869327	6912097	2445079
西 藏	153799					93659	60140
陕 西	4137653		245830	64284	327403	2709817	790319
甘 肃	2047345		68173	139279	46490	1793403	
青 海	1113986		3746	79527	10326	851481	168906
宁 夏	1729434		650590	126995	226349	725500	
新 疆	8391486	524333	182859	323137	289183	6814918	257056

3-67 各地区按资质等级分的房地产开发企业土地成交价款

单位：万元

地 区	总 计	一 级	二 级	三 级	四 级	暂 定	其 他
全国总计	**172688336**	**2269463**	**8071096**	**7677412**	**4776966**	**117173511**	**32719888**
北 京	7412677	292753		278800	442430	6392368	6326
天 津	3213470	111700	92810		328755	1922715	757490
河 北	2211402	13985	55207	277111	315027	1528066	22006
山 西	2003017	18274	25355	75775	528854	1319749	35010
内蒙古	1006149	394	32203	26874	156819	676863	112996
辽 宁	3521892	13726	137765	83494	4010	1600223	1682674
吉 林	1581091		112291	55278	108891	1280662	23969
黑龙江	1190176		42837	74060	10420	983545	79314
上 海	3528843		82139			3169297	277407
江 苏	22455942	45620	2669411	137141		16449125	3154645
浙 江	29166125	606238	545993	959159	701495	17073121	9280119
安 徽	13676402	194595	213361	503847	102847	11482077	1179675
福 建	6531619		228732	153139	21272	5617247	511229
江 西	2787724		25588	105284	16774	2397619	242459
山 东	10545909	337996	581690	669530	491417	6787295	1677981
河 南	5066796	40767	127266	61248	13816	3777950	1045749
湖 北	4757397	63330	22882	159190	127700	4137632	246663
湖 南	3208445		61230	329101	427095	2357044	33975
广 东	23691423	148336	440634	307875	317203	12343036	10134339
广 西	5232822	62278	233643	155888	113550	4656938	10525
海 南	244651			6371		193581	44699
重 庆	3200074	202165	779643	91377		2053438	73451
四 川	6207090	27435	1119313	2981628	2144	1666296	410274
贵 州	1706316	12137	19265	34676	958	1630478	8802
云 南	3610619		60980	15119	213152	2182976	1138392
西 藏	79236					11001	68235
陕 西	2048940		220460	26656	142519	1244007	415298
甘 肃	573898		12562	31213	16279	513844	
青 海	377722		1350	19490	800	334309	21773
宁 夏	492579		81349	30582	147989	232659	
新 疆	1357890	77734	45137	27506	24750	1158350	24413

第四章

房地产开发企业主要财务状况

4-1　各地区房地产开发企业主要财务指标

单位：万元

地　区	资产总计	负债合计	所有者权益合计	主营业务收入
全国总计	**10623274309**	**8570437176**	**2052837132**	**1185820845**
北　京	600590065	491491064	109099001	31650847
天　津	332708928	270273187	62435741	20645854
河　北	297601934	262145240	35456694	25191638
山　西	155993908	139996079	15997829	14506654
内蒙古	91514726	81597729	9916997	9458910
辽　宁	230817785	187996113	42821672	28600361
吉　林	83439883	71128668	12311215	9142014
黑龙江	98555107	70730040	27825067	8409111
上　海	690871188	473083151	217788037	56631609
江　苏	935947336	724282436	211664900	155258932
浙　江	808188120	651985016	156203104	119468749
安　徽	347312551	279155283	68157268	54741894
福　建	406932957	307795334	99137623	38613505
江　西	190873886	154187746	36686141	27456826
山　东	725541814	611089821	114451993	79972169
河　南	438299887	377509498	60790389	53243835
湖　北	404363510	325322081	79041429	41199839
湖　南	253246551	211176815	42069737	35464021
广　东	1438869212	1147284431	291584782	159273008
广　西	231359445	188061015	43298431	21713177
海　南	132581362	107619864	24961498	10593492
重　庆	358947558	277853123	81094435	40678075
四　川	425178027	354324752	70853275	58583409
贵　州	202397348	168870420	33526929	16599582
云　南	253575276	213853822	39721454	21208019
西　藏	11652204	7892124	3760080	442744
陕　西	249718493	217557643	32160849	24158230
甘　肃	86702620	75693603	11009017	7566629
青　海	21374852	19459692	1915161	2056238
宁　夏	35096464	30584081	4512383	4754546
新　疆	83021312	70437307	12584004	8536931

4-1 续表 1

单位：万元

地区	土地转让收入	商品房销售收入	自持物业收入	房屋出租收入	其他收入
全国总计	**7478361**	**1122675363**	**20162139**	**15048812**	**35504982**
北京	592598	24086894	1696484	1494286	5274871
天津	475957	19116163	344896	269461	708837
河北	69633	24622724	119520	104833	379761
山西	84630	13400675	122925	89152	898423
内蒙古	17188	9189808	110441	50988	141472
辽宁	269086	27730880	213396	156139	387000
吉林	52039	8893351	121411	93010	75213
黑龙江	70588	8115044	61463	59573	162015
上海	379236	49054005	5098037	4153186	2100332
江苏	1168878	150573836	1044521	798136	2471697
浙江	412559	115148408	1157730	922658	2750052
安徽	69345	53069473	302685	168766	1300392
福建	177159	36102253	573323	309732	1760769
江西	120508	26411006	170210	84612	755103
山东	738049	76697926	676611	477305	1859583
河南	373494	49727800	844654	444582	2297886
湖北	305429	38947415	440699	278418	1506295
湖南	394829	33676493	324591	179333	1068108
广东	169771	151531758	3991785	2910661	3579694
广西	193711	20641743	403595	231208	474128
海南	42529	10159017	77321	35608	314625
重庆	482067	38628856	627361	483600	939791
四川	309171	56651383	587895	434932	1034959
贵州	241213	15393456	160923	112542	803990
云南	110234	20053091	383383	272042	661311
西藏	4136	381732	12246	12156	44630
陕西	34169	22638301	189943	158169	1295817
甘肃	58735	7305030	82865	74261	120000
青海	25166	1959206	20937	20582	50929
宁夏	709	4617054	68285	50321	68497
新疆	35546	8150582	132000	118561	218803

4-1　续表 2

单位：万元

地　区	主营业务成本	税金及附加	其他业务利润	销售费用
全国总计	**884186421**	**69253438**	**2805143**	**57616728**
北　京	24269903	2225614	262734	1258666
天　津	16676073	1052042	80650	1157116
河　北	18576930	1950970	26950	1738203
山　西	11300804	602223	26270	697344
内蒙古	7804744	565794	14101	388174
辽　宁	21649253	1593907	10070	1216542
吉　林	7071120	367408	118	431038
黑龙江	6138497	614318	-8534	384829
上　海	35875059	5020213	187452	1795826
江　苏	120149797	6186084	354208	5122782
浙　江	93737936	5563841	170789	5558791
安　徽	44120002	1602027	69553	2235499
福　建	28648506	2661228	65376	1717641
江　西	20905639	1084981	57032	1367368
山　东	61802176	4555890	204511	3551384
河　南	39609018	2133065	114980	2932404
湖　北	31005578	2268765	90806	1809941
湖　南	27302632	1986449	105274	2045800
广　东	101941530	15547612	281032	8390108
广　西	16797774	846674	41587	1521027
海　南	6619167	1940652	19972	1080141
重　庆	30926651	1436001	265214	2037912
四　川	44408659	3112410	191183	3785829
贵　州	13311007	853066	37253	1376917
云　南	16028324	1298053	15138	1420512
西　藏	351591	16766	632	31206
陕　西	18454275	1231979	52506	1277731
甘　肃	6273657	251059	19550	385491
青　海	1752226	71147	12275	98400
宁　夏	3868796	171792	8590	180577
新　疆	6809101	441411	27874	621530

4-1 续表 3

单位：万元

地 区	管理费用	财务费用	营业利润	营业外收入
全国总计	**47584416**	**33103483**	**140229870**	**6932965**
北 京	1829198	2390488	2145954	266626
天 津	905316	1174734	-194763	86223
河 北	1584236	922271	1054416	86352
山 西	645967	381047	1110261	34259
内 蒙 古	459554	242604	500147	59501
辽 宁	955482	875336	2580508	155972
吉 林	412258	318795	763596	60607
黑 龙 江	395296	338060	597271	88680
上 海	2590327	3424736	12820892	724370
江 苏	4185061	1669331	19342462	470355
浙 江	4206270	1899284	14110884	453692
安 徽	1586425	823498	4436453	372073
福 建	1480645	983607	5945680	134654
江 西	901079	581517	3726364	120514
山 东	3304884	2198992	7942201	578902
河 南	2505454	1569382	6277766	179871
湖 北	1474915	1036401	5546427	174291
湖 南	1642400	757115	2606202	380055
广 东	6454183	5371652	29656104	1138942
广 西	1211872	379397	1385621	144870
海 南	795800	466560	847900	49299
重 庆	1269094	987365	6257970	317273
四 川	2306049	1454933	6762701	241686
贵 州	927786	354526	549413	85154
云 南	1110236	1403745	1042931	125039
西 藏	52565	25135	123093	21273
陕 西	1099475	512030	1419042	263849
甘 肃	420286	242417	153448	36733
青 海	98254	27154	81964	8018
宁 夏	218869	84303	356669	30030
新 疆	555182	207071	280293	43803

4-1　续表 4　　　　单位：万元

地　区	营业外支出	利润总额	所得税费用	应付职工薪酬
全国总计	**8969695**	**136888388**	**36165009**	**35058325**
北　京	234047	2177372	971105	1503314
天　津	183017	-299426	434695	724238
河　北	263594	812176	812526	1029166
山　西	333458	810666	442627	474053
内蒙古	60529	504053	232700	279809
辽　宁	311367	2425176	891764	636941
吉　林	79639	745308	304414	269871
黑龙江	71236	613864	294500	216371
上　海	444904	13089275	3134400	1642056
江　苏	635866	19014040	4353528	2704279
浙　江	609392	13870459	3516159	2566238
安　徽	310966	4388932	1277451	1226636
福　建	241112	5814578	1196149	1278423
江　西	123616	3704674	689953	726885
山　东	703776	7657778	2235072	2303231
河　南	286570	6102827	1006015	1954639
湖　北	288601	5385486	1269170	1350433
湖　南	323666	2630360	1069971	1300940
广　东	1222611	29501553	5815872	4746061
广　西	177000	1287861	624337	1053643
海　南	219736	599975	362965	514128
重　庆	289278	6257837	1143265	1289661
四　川	356900	6548601	1812872	1711676
贵　州	177622	394893	308757	819112
云　南	424423	704487	745524	920460
西　藏	10173	131926	11736	25134
陕　西	218260	1442770	782599	918151
甘　肃	95573	63779	90616	314475
青　海	21984	58194	37359	78992
宁　夏	161284	224756	86785	136954
新　疆	89498	224160	210124	342356

4-2 各地区按登记注册类型分的房地产开发企业资产总计

单位：万元

地区	总计	内资					
			国有	集体	股份合作	国有联营	集体联营
全国总计	**10623274309**	**9675784770**	**196600650**	**11074797**	**4851843**	**2463855**	**21941**
北京	600590065	553041322	7668411	1809783	886316	11491	12824
天津	332708928	307607994	10557013	119028			
河北	297601934	290829994	818709		9606	59391	
山西	155993908	153973090	2586724	57906			
内蒙古	91514726	91247010	525714		23341		
辽宁	230817785	196528979	2905610	8452	35874		
吉林	83439883	81195180	794276				
黑龙江	98555107	95052381	315946		106178	54883	
上海	690871188	585784091	13973229	948314	191543	49546	9117
江苏	935947336	819136501	27962663	732560	1360776	953739	
浙江	808188120	741336377	5188456	31631	47978	149953	
安徽	347312551	340333066	8757240	4968	479655	240216	
福建	406932957	351722830	3141391	225938			
江西	190873886	182707156	1838422	5679		97261	
山东	725541814	684754399	16754433	3281304	351165		
河南	438299887	429716124	3397049	2406	71980		
湖北	404363510	382644076	15046555	209906	309847	233704	
湖南	253246551	242580640	2325987	35098	52223	2573	
广东	1438869212	1194837544	41684440	3168853	663937		
广西	231359445	218793040	1664159	20199	8111		
海南	132581362	117982362	6969880	105530			
重庆	358947558	290743069	7144438		8038	611099	
四川	425178027	409908768	2908153	6801	71261		
贵州	202397348	197966281	1254984	2116			
云南	253575276	237446634	1675951	19764			
西藏	11652204	11652204	79274				
陕西	249718493	244475832	3510544	84958	171277		
甘肃	86702620	86286270	3093793	190281			
青海	21374852	21358151	65649				
宁夏	35096464	33948892					
新疆	83021312	80194514	1991561	3322	2737		

4-2　续表 1

单位：万元

地区	内资						
	国有与集体联营	其他联营	国有独资公司	其他有限责任公司	股份有限公司	私营独资	私营合伙
全国总计	**1301453**	**678259**	**1054559497**	**4899235498**	**321271676**	**23701524**	**4790878**
北京			44934287	413162269	43609706	2828262	
天津			59867102	162507668	9078915	807095	
河北			4799298	131256314	9451457	66395	17197
山西			14491804	69775856	329406	17190	
内蒙古			3868757	43255201	2139525	29971	87917
辽宁			12124104	93858818	3030769	3269904	39458
吉林			4927740	38629734	2403576	136570	
黑龙江			8252395	62186358	2183436	126599	
上海			124617026	284752382	26448820	668903	42393
江苏	804218	11730	90399927	343475339	21031196	4493057	1135826
浙江			75412055	318292278	11400670	285875	174212
安徽	11949	32032	31912892	206706179	6217562	785774	134661
福建		12712	50916161	122874455	926058		49141
江西			23357240	85049586	4040745	244663	
山东		60817	97681364	352636052	15289517	582304	226315
河南			18578912	269813622	6015664	343929	
湖北	354279		32979208	203974783	17526700	93797	138458
湖南			30753302	108156039	3377531	429445	23305
广东	131007	560968	56486747	627169021	105166689	5538158	547822
广西			36300114	114409078	1171719	28950	
海南			21004747	71147223	2958619	111678	4200
重庆			53815333	86149944	4919787	439124	
四川			51863154	235148484	11703953	1283363	153573
贵州			27479909	98365390	344094	198218	
云南			20382842	133766718	7355408	14198	105137
西藏			7285854	2843390		921	16142
陕西			26947282	129559123	1525663	606767	1872240
甘肃			7322918	38772499	1143921	103011	22657
青海			1464780	10232482	107340	18275	227
宁夏			1687967	12310957	13382	46621	
新疆			12644277	28998257	359843	102510	

4-2 续表 2

单位：万元

地　区	内　资			港澳台商投　资			
	私营有限责任公司	私营股份有限公司	其他内资企　业		合资经营	合作经营	独　资
全国总计	**3088496556**	**60830606**	**5905739**	**655835002**	**248583521**	**30901094**	**357477351**
北　京	37459895	658077		33042259	3694461	3311330	24871675
天　津	63279564	518903	872707	16238679	6349741	1022117	8866821
河　北	143426995	924634		4443121	2812550		1571912
山　西	66050964	663240		603257	186680	8324	408253
内蒙古	40436638	879948		267716	267716		
辽　宁	79630245	1445610	180134	22461274	9925922	5450	12529902
吉　林	33659364	643921		1543172	272089	268264	1002818
黑龙江	21712864	113722		2241233	364056		1877178
上　海	111262475	22820344		76574152	35869341	1505166	38768185
江　苏	323328612	2896354	550503	84690449	41682684	1752872	38776096
浙　江	328696889	1656379		29120859	11646567	29251	17239262
安　徽	81894835	2748717	406386	5579175	2770665		2808510
福　建	173389190	187785		38030607	22097334	156093	10974639
江　西	67073488	1000072		6152087	2523217	31088	3591547
山　东	193277717	3787086	826325	32540992	20510316	337268	10987099
河　南	129582613	1482325	427624	6083232	971115	1451738	3660379
湖　北	109852823	1914586	9432	13708761	5369566	888892	7103800
湖　南	96458912	966225		7283321	1757970	206967	5318384
广　东	348221031	4271896	1226975	162366644	26013945	14907416	119511770
广　西	64843582	347127		6368800	1807074	354665	4207061
海　南	14889352	791134		12605800	955177	43000	6292048
重　庆	136051011	1604296		59520861	41827061	3671598	13494485
四　川	105238628	1531399		11139183	2315747	766110	8057326
贵　州	69667124	654447		4006547	991494		3015053
云　南	71422131	2693085	11400	13517344	1184071		11686206
西　藏	1404034	22590					
陕　西	78473426	335088	1389464	1882944	904258	183483	547115
甘　肃	35339964	292440	4788	329826	324828		4998
青　海	9417329	52071					
宁　夏	17251326	2638639		665911	665911		
新　疆	35803538	288470		2826798	2521966		304831

4-2 续表 3

单位：万元

地　区	港澳台商投资		外商投资					
	股份有限	其　他		合资经营	合作经营	独　资	股份有限	其　他
全国总计	**14002596**	**4870439**	**291654537**	**118115589**	**15611116**	**144507130**	**6703693**	**6717010**
北　京		1164793	14506485	6982143	2981410	4542932		
天　津			8862254	624614	322328	3800408	4027255	87650
河　北	58659		2328819	551544		1777274		
山　西			1417562	88534		1329028		
内 蒙 古								
辽　宁			11827532	6039775		5787757		
吉　林			701531	331124		295311		75096
黑 龙 江			1261493	1108491		153002		
上　海	111080	320381	28512945	9846312	4488232	12157481	1088953	931967
江　苏	793998	1684798	32120387	16708188	1817655	13249912	146315	198317
浙　江	181704	24075	37730884	12697799	5896	24829630	197560	
安　徽			1400311	335087		852220		213003
福　建	4802541		17179521	5066972		11679489	433059	
江　西	6235		2014643	1181854		832789		
山　东	292329	413980	8246423	6086199	265429	1619844	89656	185294
河　南			2500531	579083	17599	1903850		
湖　北	346504		8010673	2201016		4611364		1198293
湖　南			3382591	1954604	162094	1110743		155150
广　东	1325747	607766	81665025	33530896	3962743	41383659	441104	2346623
广　西			6197605	2674946		3129511		393148
海　南	5315575		1993200	419006	314634	358137		901422
重　庆	520139	7578	8683628	2865583	507914	5030340	279792	
四　川			4130077	2473551	311516	1345009		
贵　州			424520	353707	40101	30711		
云　南		647068	2611297	1320967		1290330		
西　藏								
陕　西	248087		3359718	1753221	413565	1161885		31047
甘　肃			86524	73988		12536		
青　海			16701	16701				
宁　夏			481660	249682		231978		
新　疆								

4-3 各地区按资质等级分的房地产开发企业资产总计

单位：万元

地区	总计	一级	二级	三级	四级	暂定	其他
全国总计	**10623274309**	**1081972363**	**1665809354**	**1267868545**	**1133147971**	**4378266693**	**1096209382**
北京	600590065	116436156	75162034	36918368	215638763	135414346	21020398
天津	332708928	45992588	48811875	11969416	159185324	39833144	26916581
河北	297601934	30621112	36620806	39902080	68933377	110085931	11438628
山西	155993908	4933680	22536418	12787814	54137506	50862495	10735995
内蒙古	91514726	6016115	18991578	15052584	33418963	13288573	4746913
辽宁	230817785	8570277	26660012	46335781	2245649	101547653	45458413
吉林	83439883	2004765	18704123	9497625	7229329	44893545	1110495
黑龙江	98555107	2458352	22144339	41562294	951762	18312844	13125515
上海	690871188	148461234	105262966	38310441	159053	344398881	54278613
江苏	935947336	46522694	277330558	15816982	439448	496576398	99261257
浙江	808188120	54492128	49674055	100960591	37737850	356013312	209310184
安徽	347312551	21829395	31766070	57837388	4544933	195540149	35794616
福建	406932957	56247775	52748645	65819370	29424057	176792820	25900291
江西	190873886	4544924	14796265	29861483	13862296	108908649	18900268
山东	725541814	53274271	85651617	83607660	65669348	359173240	78165679
河南	438299887	39850811	60703777	42593208	11337350	234012347	49802395
湖北	404363510	41869701	80177555	24651204	19446718	215632593	22585740
湖南	253246551	12597679	26279259	67555845	52050804	88628997	6133967
广东	1438869212	216276126	87184631	170319319	177118313	568532633	219438190
广西	231359445	6874752	31387071	33827097	9949459	140238093	9082975
海南	132581362	7548246	16186594	12449316	8973160	74054959	13369087
重庆	358947558	68346256	153582575	21156245	326091	109763554	5772837
四川	425178027	24591587	129276622	190507186	1968461	56717746	22116426
贵州	202397348	2156981	50798244	22601831	12271408	98506228	16062656
云南	253575276	29285027	43604642	12629755	49395178	94148443	24512230
西藏	11652204	29671	2026985	1283616	631194	7510741	169997
陕西	249718493	18091242	42146654	25491803	54839441	64490043	44659310
甘肃	86702620	1924047	18114261	18044363	22667967	24898598	1053384
青海	21374852	1189459	6035703	4137549	1969580	6690269	1352293
宁夏	35096464	3793629	11885474	5627242	4491612	8622545	675961
新疆	83021312	5141683	19557950	8753091	12133575	34176924	3258089

4-4 各地区按登记注册类型分的房地产开发企业负债合计

单位：万元

地 区	总 计	内 资					
			国 有	集 体	股份合作	国有联营	集体联营
全国总计	**8570437176**	**7895867016**	**139842373**	**9951074**	**3859311**	**1964616**	**12860**
北 京	491491064	452630233	5379564	1769795	651017	1425	6021
天 津	270273187	251684592	8109525	115885			
河 北	262145240	257061618	801330		5000	58118	
山 西	139996079	138359847	2360780	56848			
内 蒙 古	81597729	81324038	459254		10218		
辽 宁	187996113	167125461	2183609	8504	34367		
吉 林	71128668	69684035	737448				
黑 龙 江	70730040	67529926	310285		90393	47908	
上 海	473083151	415599465	10529306	644430	41756	5920	6840
江 苏	724282436	647512605	20704527	690899	1087604	799558	
浙 江	651985016	609341573	4287720	18522	22288	81969	
安 徽	279155283	274559090	6309688	4205	399750	195930	
福 建	307795334	267763502	2463107	190609			
江 西	154187746	148547749	1540115	7745		37908	
山 东	611089821	582902982	13352375	3241870	353803		
河 南	377509498	372160347	2696937	122	70222		
湖 北	325322081	310521160	12272567	174185	304363	198004	
湖 南	211176815	204106242	2000523	32777	53832	2676	
广 东	1147284431	954785594	21020254	2593001	551363		
广 西	188061015	178253811	1277415	17692	6832		
海 南	107619864	97003106	4312411	103449			
重 庆	277853123	221341479	5687821		1885	535200	
四 川	354324752	344653846	2397041	2525	23504		
贵 州	168870420	165398559	1118093	1444			
云 南	213853822	201566684	1063855	21074			
西 藏	7892124	7892124	62682				
陕 西	217557643	213523677	2736563	70219	149347		
甘 肃	75693603	75322188	2292659	183167			
青 海	19459692	19447049	45237				
宁 夏	30584081	29675623					
新 疆	70437307	68588812	1329681	2108	1768		

4-4 续表 1 单位：万元

地区	内资 国有与集体联营	其他联营	国有独资公司	其他有限责任公司	股份有限公司	私营独资	私营合伙
全国总计	**1125499**	**677884**	**705953444**	**4033808483**	**248230773**	**20625960**	**4427999**
北京			26507862	348176226	33355231	2637477	
天津			45091428	133382262	7701260	585735	
河北			3819570	117529107	8010518	59888	17281
山西			10824579	62065255	294775	14782	
内蒙古			3779680	37494817	1979107	21782	92377
辽宁			8351545	78863920	2477591	3065850	29012
吉林			3772464	33519925	1818280	122509	
黑龙江			4953285	41555325	2202762	67088	
上海			66117991	211123486	18193913	672571	21687
江苏	750242	10042	62266363	268922483	16399353	3597777	955395
浙江			55864732	263305691	7571563	283914	174434
安徽	221	29032	19372020	169111284	4531093	661408	93889
福建		8582	29961788	94450678	576963		43689
江西			14388474	69961928	3247959	225463	
山东		58817	68657410	305361759	11847365	544544	222911
河南			12744823	234895929	4794408	289303	
湖北	250240		20702324	169223348	11243180	47818	138878
湖南			23439448	92173182	2866803	400726	7239
广东	124796	571411	35521109	503495150	84804202	4726063	491244
广西			24096181	94411653	683636	25761	
海南			14965075	61324063	1891712	109084	1200
重庆			31397496	62325269	3583801	552287	
四川			40149893	197916879	8211225	1255816	90461
贵州			20414745	80832048	309867	194999	
云南			13755411	110532452	6708019	8235	113164
西藏			4717272	1887784		485	15529
陕西			21289720	112462269	1455420	228013	1900738
甘肃			6074332	33570408	1034833	60217	18850
青海			1242712	9250202	108699	17876	20
宁夏			1369716	10179902	1947	48802	
新疆			10343996	24503802	325291	99688	

4-4　续表 2　　　　单位：万元

地　　区	内　资			港澳台商投　　资			
	私营有限责任公司	私营股份有限公司	其他内资企　　业		合资经营	合作经营	独　资
全国总计	**2668099449**	**52643222**	**4644070**	**461660113**	**176024253**	**21888632**	**249861191**
北　　京	33699041	446575		27675765	2372951	2366601	22051871
天　　津	55534643	458587	705268	12324833	4506052	988200	6830581
河　　北	125918367	842439		3212181	2375096		791557
山　　西	62051538	691289		353486	74312	9528	269646
内 蒙 古	36626310	860494		273691	273691		
辽　　宁	70575141	1317967	217955	14044809	6916777	3381	7124652
吉　　林	29130716	582693		838215	133292	77432	627492
黑 龙 江	18230446	72434		1990487	241950		1748537
上　　海	87388803	20852762		42253510	17926958	819151	23256975
江　　苏	268796497	2196155	335711	54379732	27217115	1184446	24273427
浙　　江	276567985	1162755		13797352	6033511	10657	7627086
安　　徽	71349235	2160555	340781	3700314	1843053		1857261
福　　建	139963698	104389		27039434	15761060	103803	7567765
江　　西	58483574	654585		4559119	1994219	10629	2549488
山　　东	175381345	3389913	490871	22587382	15382132	355498	6446970
河　　南	114755729	1506106	406768	3185209	491440	182922	2510847
湖　　北	94179799	1778271	8183	8470021	3842453	523594	3773577
湖　　南	82367084	761951		4332562	1407177	140369	2785016
广　　东	296550539	3400338	936126	127830519	19216355	11229997	96068802
广　　西	57443752	290890		4630255	1297753	346036	2986466
海　　南	13712633	583479		9031377	754614	43987	4261537
重　　庆	115775144	1482575		50796214	39825292	3247484	7257629
四　　川	93250647	1355856		6965814	1328601	87249	5549964
贵　　州	62014556	512808		3174227	1066000		2108227
云　　南	67361039	1997015	6419	10516151	810543		8982185
西　　藏	1187728	20644					
陕　　西	71787901	252240	1191247	1010250	575389	157668	222897
甘　　肃	31806657	276324	4742	302598	302598		
青　　海	8736070	46233					
宁　　夏	15770823	2304433		536113	536113		
新　　疆	31702010	280469		1848495	1517759		330736

4-4 续表 3

单位：万元

地 区	港澳台商投资		外商投资					
	股份有限	其 他		合资经营	合作经营	独 资	股份有限	其 他
全国总计	**10030154**	**3855883**	**212910048**	**86236074**	**10261883**	**105334158**	**5520968**	**5556966**
北 京		884342	11185065	5111302	2464431	3609333		
天 津			6263762	290706	213965	2194150	3481432	83509
河 北	45528		1871441	433485		1437956		
山 西			1282747	64448		1218299		
内蒙古								
辽 宁			6825843	3685436		3140407		
吉 林			606418	304140		241132		61146
黑龙江			1209627	1092806		116821		
上 海	56709	193717	15230176	4209963	2802829	6459708	984412	773264
江 苏	375751	1328993	22390100	12063958	1016195	9132139	68115	109694
浙 江	113534	12564	28846091	10575266	4644	18086663	179519	
安 徽			895879	125431		639392		131057
福 建	3606806		12992398	4083107		8720346	188945	
江 西	4783		1080877	807112		273765		
山 东	202828	199954	5599457	4064909	116929	1223829	77842	115948
河 南			2163943	570155	11439	1582350		
湖 北	330397		6330900	1698892		3469971		1162037
湖 南			2738012	1490213	137578	977408		132813
广 东	808509	506856	64668318	25950968	2719178	33998002	261279	1738892
广 西			5176949	2263343		2514190		399416
海 南	3971239		1585381	417354	93076	255257		819694
重 庆	459775	6034	5715430	2040815	20380	3374811	279424	
四 川			2705092	1865094	233151	606848		
贵 州			297634	269027	18100	10507		
云 南		723424	1770987	944720		826267		
西 藏								
陕 西	54295		3023717	1555125	409990	1029106		29496
甘 肃			68817	56597		12220		
青 海			12643	12643				
宁 夏			372345	189061		183284		
新 疆								

4-5 各地区按资质等级分的房地产开发企业负债合计

单位：万元

地 区	总 计	一 级	二 级	三 级	四 级	暂 定	其 他
全国总计	**8570437176**	**836411969**	**1292096844**	**1011357238**	**942774294**	**3622930950**	**864865882**
北 京	491491064	92779949	56978368	32169659	177183669	117389610	14989808
天 津	270273187	42879436	33832876	8930952	132334660	31256227	21039036
河 北	262145240	25757849	30951204	33711384	61507015	99922132	10295656
山 西	139996079	4385276	21064573	11900730	49479287	45588265	7577948
内蒙古	81597729	4412828	16597945	13934315	30086633	12247601	4318408
辽 宁	187996113	6947904	19637823	37283500	2029504	82283326	39814057
吉 林	71128668	1440223	15732169	7740572	5879642	39276592	1059469
黑龙江	70730040	2500983	16491405	27659909	771763	14345903	8960076
上 海	473083151	102158747	72216532	25333477	70381	238541216	34762798
江 苏	724282436	34999021	208063320	11001360	377779	391660792	78180165
浙 江	651985016	37903773	38740707	80042775	29387660	296991883	168918218
安 徽	279155283	16167569	24775275	42904445	3569371	163429951	28308674
福 建	307795334	39925458	37044360	49020109	21270861	142702861	17831685
江 西	154187746	3781383	9758279	22885643	10812905	91769691	15179845
山 东	611089821	42512620	70323263	70762860	55871265	303826432	67793381
河 南	377509498	32060629	50617295	34853061	9903615	209234202	40840697
湖 北	325322081	29553507	60503375	19854268	17179732	179414144	18817056
湖 南	211176815	10622914	21282520	55457051	42791019	76587167	4436143
广 东	1147284431	168779998	69884033	127303799	135580147	478847097	166889358
广 西	188061015	5862587	23170834	24603013	7758885	120534783	6130913
海 南	107619864	5512051	11531326	9774039	7661860	61890144	11250443
重 庆	277853123	56747061	112984738	17413152	294304	85623823	4790045
四 川	354324752	18954610	107848814	160809834	1396297	47507643	17807555
贵 州	168870420	2061096	39007590	20245361	11627179	84169446	11759749
云 南	213853822	22875310	36847994	11071708	43818752	79374095	19865963
西 藏	7892124	25671	1529599	1090122	508986	4572548	165197
陕 西	217557643	15430466	38196667	22069108	46942100	57046549	37872752
甘 肃	75693603	1442496	15321691	15317042	20255320	22696598	660457
青 海	19459692	1148279	5098197	3651163	1875039	6433128	1253886
宁 夏	30584081	3164891	10384926	4818660	3867328	7784416	563860
新 疆	70437307	3617386	15679148	7744166	10681338	29982685	2732584

4-6 各地区按登记注册类型分的房地产开发企业所有者权益合计

单位：万元

地 区	总 计	内 资					
			国 有	集 体	股份合作	国有联营	集体联营
全国总计	**2052837132**	**1779917754**	**56758277**	**1123723**	**992531**	**499239**	**9081**
北 京	109099001	100411088	2288846	39988	235299	10066	6804
天 津	62435741	55923403	2447488	3144			
河 北	35456694	33768376	17380		4606	1273	
山 西	15997829	15613243	225944	1058			
内蒙古	9916997	9922972	66460		13123		
辽 宁	42821672	29403518	722001	-52	1508		
吉 林	12311215	11511146	56828				
黑龙江	27825067	27522455	5661		15785	6975	
上 海	217788037	170184627	3443923	303884	149787	43626	2278
江 苏	211664900	171623896	7258136	41661	273173	154181	
浙 江	156203104	131994804	900736	13109	25690	67984	
安 徽	68157268	65773976	2447552	763	79904	44286	
福 建	99137623	83959327	678284	35329			
江 西	36686141	34159407	298307	-2066		59353	
山 东	114451993	101851416	3402058	39434	-2639		
河 南	60790389	57555778	700112	2284	1758		
湖 北	79041429	72122916	2773988	35720	5484	35700	
湖 南	42069737	38474399	325464	2321	-1609	-103	
广 东	291584782	240051950	20664186	575852	112575		
广 西	43298431	40539230	386744	2507	1278		
海 南	24961498	20979256	2657469	2081			
重 庆	81094435	69401590	1456616		6153	75898	
四 川	70853275	65254922	511113	4276	47757		
贵 州	33526929	32567722	136891	673			
云 南	39721454	35879950	612096	-1310			
西 藏	3760080	3760080	16592				
陕 西	32160849	30952155	773981	14739	21930		
甘 肃	11009017	10964082	801133	7114			
青 海	1915161	1911102	20411				
宁 夏	4512383	4273269					
新 疆	12584004	11605702	661880	1215	969		

4-6　续表 1

单位：万元

地　　区	内　　资						
	国有与集体联营	其他联营	国有独资公司	其他有限责任公司	股份有限公司	私营独资	私营合伙
全国总计	**175954**	**375**	**348606053**	**865427015**	**73040903**	**3075564**	**362879**
北　　京			18426425	64986044	10254476	190785	
天　　津			14775674	29125406	1377655	221360	
河　　北			979727	13727207	1440939	6507	-85
山　　西			3667225	7710601	34631	2408	
内 蒙 古			89077	5760384	160419	8189	-4461
辽　　宁			3772559	14994898	553178	204054	10446
吉　　林			1155275	5109810	585296	14061	
黑 龙 江			3299110	20631033	-19325	59511	
上　　海			58499035	73628896	8254907	-3668	20706
江　　苏	53976	1688	28133564	74552856	4631844	895280	180431
浙　　江			19547323	54986587	3829107	1961	-222
安　　徽	11729	3000	12540873	37594895	1686469	124366	40772
福　　建		4130	20954373	28423777	349096		5451
江　　西			8968766	15087658	792787	19200	
山　　东		2000	29023955	47274293	3442153	37760	3404
河　　南			5834089	34917693	1221257	54626	
湖　　北	104039		12276883	34751435	6283520	45978	-420
湖　　南			7313854	15982857	510728	28719	16065
广　　东	6211	-10443	20965638	123673871	20362487	812096	56579
广　　西			12203934	19997426	488084	3189	
海　　南			6039672	9823160	1066907	2593	3000
重　　庆			22417837	23824675	1335986	-113163	
四　　川			11713261	37231605	3492728	27547	63112
贵　　州			7065163	17533341	34227	3219	
云　　南			6627431	23234266	647389	5963	-8027
西　　藏			2568582	955606		436	613
陕　　西			5657562	17096854	70243	378754	-28499
甘　　肃			1248586	5202091	109088	42794	3807
青　　海			222068	982281	-1359	399	207
宁　　夏			318251	2131055	11434	-2181	
新　　疆			2300281	4494455	34552	2822	

4-6 续表 2

单位：万元

地 区	内 资			港澳台商投资			
	私营有限责任公司	私营股份有限公司	其他内资企业		合资经营	合作经营	独 资
全国总计	**420397106**	**8187384**	**1261669**	**194174889**	**72559268**	**9012462**	**107616161**
北 京	3760854	211502		5366494	1321510	944729	2819803
天 津	7744921	60316	167439	3913846	1843688	33917	2036241
河 北	17508629	82194		1230941	437454		780355
山 西	3999426	-28050		249771	112369	-1204	138607
内蒙古	3810328	19453		-5975	-5975		
辽 宁	9055104	127642	-37821	8416464	3009145	2070	5405250
吉 林	4528648	61228		704956	138798	190832	375326
黑龙江	3482417	41288		250747	122106		128640
上 海	23873672	1967582		34320642	17942383	686015	15511210
江 苏	54532115	700200	214792	30310717	14465569	568426	14502669
浙 江	52128904	493624		15323507	5613056	18594	9612176
安 徽	10545599	588162	65605	1878861	927612		951249
福 建	33425492	83396		10991173	6336273	52291	3406874
江 西	8589915	345488		1592968	528998	20459	1042059
山 东	17896372	397173	335454	9953610	5128184	-18230	4540129
河 南	14826883	-23781	20857	2898023	479674	1268817	1149532
湖 北	15673024	136314	1249	5238739	1527113	365298	3330223
湖 南	14091828	204274		2950759	350793	66598	2533368
广 东	51670493	871558	290850	34536125	6797589	3677419	23442968
广 西	7399831	56238		1738546	509322	8629	1220595
海 南	1176719	207655		3574423	200563	-987	2030511
重 庆	20275867	121721		8724647	2001769	424114	6236856
四 川	11987981	175543		4173369	987146	678861	2507362
贵 州	7652568	141640		832321	-74506		906826
云 南	4061091	696070	4981	3001194	373529		2704021
西 藏	216306	1946					
陕 西	6685525	82848	198218	872694	328870	25815	324217
甘 肃	3533307	16116	46	27228	22230		4998
青 海	681259	5837					
宁 夏	1480503	334206		129798	129798		
新 疆	4101528	8001		978302	1004207		-25905

4-6 续表 3

单位：万元

地 区	港澳台商投资		外商投资					
	股份有限	其 他		合资经营	合作经营	独 资	股份有限	其 他
全国总计	**3972442**	**1014556**	**78744489**	**31879514**	**5349233**	**39172972**	**1182725**	**1160045**
北 京		280451	3321420	1870841	516980	933599		
天 津			2598492	333908	108363	1606258	545823	4141
河 北	13131		457378	118059		339318		
山 西			134815	24086		110729		
内 蒙 古								
辽 宁			5001690	2354339		2647351		
吉 林			95113	26983		54180		13950
黑 龙 江			51866	15685		36181		
上 海	54371	126664	13282768	5636349	1685403	5697773	104541	158703
江 苏	418247	355806	9730287	4644230	801461	4117773	78200	88623
浙 江	68169	11511	8884793	2122533	1252	6742967	18041	
安 徽			504431	209657		212829		81946
福 建	1195735		4187123	983866		2959143	244114	
江 西	1452		933766	374742		559024		
山 东	89501	214026	2646966	2021290	148500	396015	11815	69347
河 南			336588	8928	6160	321500		
湖 北	16107		1679774	502124		1141393		36256
湖 南			644579	464391	24516	133334		22337
广 东	517238	100911	16996706	7579928	1243566	7385657	179825	607731
广 西			1020656	411603		615321		-6268
海 南	1344336		407819	1652	221558	102881		81728
重 庆	60364	1544	2968198	824768	487534	1655529	368	
四 川			1424985	608458	78366	738161		
贵 州			126886	84681	22001	20204		
云 南		-76356	840310	376248		464063		
西 藏								
陕 西	193792		336001	198096	3575	132779		1551
甘 肃			17707	17391		316		
青 海			4059	4059				
宁 夏			109316	60621		48694		
新 疆								

4-7 各地区按资质等级分的房地产开发企业所有者权益合计

单位：万元

地　区	总　计	一　级	二　级	三　级	四　级	暂　定	其　他
全国总计	**2052837132**	**245560395**	**373712511**	**256511308**	**190373677**	**755335742**	**231343500**
北　京	109099001	23656207	18183666	4748708	38455094	18024736	6030591
天　津	62435741	3113152	14978999	3038464	26850664	8576917	5877545
河　北	35456694	4863263	5669602	6190696	7426363	10163798	1142973
山　西	15997829	548404	1471845	887084	4658219	5274230	3158047
内蒙古	9916997	1603288	2393633	1118269	3332331	1040972	428505
辽　宁	42821672	1622373	7022189	9052281	216145	19264327	5644356
吉　林	12311215	564542	2971955	1757053	1349687	5616953	51026
黑龙江	27825067	-42631	5652934	13902385	179999	3966941	4165439
上　海	217788037	46302487	33046434	12976964	88672	105857665	19515815
江　苏	211664900	11523673	69267238	4815622	61669	104915606	21081091
浙　江	156203104	16588355	10933348	20917816	8350190	59021429	40391966
安　徽	68157268	5661827	6990795	14932943	975563	32110199	7485942
福　建	99137623	16322317	15704286	16799260	8153196	34089959	8068605
江　西	36686141	763541	5037986	6975841	3049391	17138959	3720423
山　东	114451993	10761651	15328354	12844800	9798083	55346807	10372298
河　南	60790389	7790182	10086482	7740147	1433735	24778146	8961698
湖　北	79041429	12316194	19674180	4796936	2266987	36218449	3768684
湖　南	42069737	1974766	4996739	12098793	9259786	12041830	1697823
广　东	291584782	47496129	17300599	43015520	41538166	89685536	52548832
广　西	43298431	1012165	8216237	9224083	2190574	19703310	2952062
海　南	24961498	2036195	4655268	2675277	1311300	12164815	2118643
重　庆	81094435	11599195	40597837	3743093	31787	24139731	982793
四　川	70853275	5636977	21427809	29697352	572165	9210103	4308870
贵　州	33526929	95886	11790655	2356470	644229	14336782	4302908
云　南	39721454	6409717	6756648	1558047	5576426	14774348	4646268
西　藏	3760080	4000	497385	193494	122208	2938193	4800
陕　西	32160849	2660776	3949987	3422695	7897340	7443493	6786558
甘　肃	11009017	481551	2792570	2727321	2412647	2202000	392927
青　海	1915161	41179	937506	486386	94541	257142	98407
宁　夏	4512383	628739	1500548	808582	624284	838129	112101
新　疆	12584004	1524297	3878802	1008925	1452236	4194239	525505

4-8　各地区按登记注册类型分的房地产开发企业营业利润

单位：万元

地　区	总　计	内　资					
			国　有	集　体	股份合作	国有联营	集体联营
全国总计	**140229870**	**118622224**	**2309956**	**227691**	**-28288**	**5895**	**-962**
北　京	2145954	1902696	479	17184	-3610	1	-955
天　津	-194763	-441438	34411	-1145			
河　北	1054416	976945	-1449		105	5924	
山　西	1110261	1120918	-7092	-123			
内蒙古	500147	503860	-1422		-307		
辽　宁	2580508	1765661	-22196	76	60		
吉　林	763596	617244	32399				
黑龙江	597271	517762	-1648		-2002	-3646	
上　海	12820892	9417895	526644	10433	3936	272	-7
江　苏	19342462	15728518	209545	28841	133	-10341	
浙　江	14110884	12506752	4340	204	-278	7164	
安　徽	4436453	4267371	66962	-9	1308	-2364	
福　建	5945680	4890411	-7685	473			
江　西	3726364	3429527	16402	-1084		-862	
山　东	7942201	7288902	72921	35158	-5151		
河　南	6277766	6128174	5869	-19	-19721		
湖　北	5546427	5293529	161875	-350	-5275	2051	
湖　南	2606202	2309889	-13666	-1494	-2176	-98	
广　东	29656104	24558750	987208	141852	2142		
广　西	1385621	956458	23522	118	-256		
海　南	847900	363560	21121	-2136			
重　庆	6257970	4655043	137701		-160	7795	
四　川	6762701	6374703	22759	147	3561		
贵　州	549413	463218	24788	-15			
云　南	1042931	888847	45126	-269			
西　藏	123093	123093	-726				
陕　西	1419042	1232390	-29828	-231	-515		
甘　肃	153448	145042	3903	88			
青　海	81964	81713	-627				
宁　夏	356669	300190					
新　疆	280293	254600	-1680	-10	-82		

4-8 续表 1

单位：万元

地区	内资						
	国有与集体联营	其他联营	国有独资公司	其他有限责任公司	股份有限公司	私营独资	私营合伙
全国总计	**10968**	**-7539**	**7486082**	**66316470**	**5146971**	**-99689**	**94969**
北京			162412	1276889	569638	-37217	
天津			-115517	28046	-165863	-10050	
河北			42456	480664	10899	-1092	-32
山西			108779	868193	-323	-300	
内蒙古			30951	306226	27417	-136	-4750
辽宁			-9089	1263902	22757	-41921	-134
吉林			65459	355338	19771	-960	
黑龙江			-2362	456383	-45782	-7135	
上海			1716582	5656609	461520	-11960	71
江苏	9386	-235	601663	7198461	425519	74636	-6446
浙江			112205	3293021	303490	-4314	-215
安徽	-273	-171	166370	3310364	79278	11948	736
福建		-470	734846	2270721	31473		-340
江西			67966	2041615	128483	-29295	
山东		-2243	517423	4164639	495873	-374	-2061
河南			93695	3251868	54433	762	
湖北	2456		256294	3075714	260106	247	-16
湖南			-14395	1132799	51829	1678	2138
广东	-601	-4420	1120142	15187791	1902006	2012	107916
广西			132665	423378	-2326	-162	
海南			35592	362118	191284	-1963	
重庆			361562	2198654	113531	161	
四川			983882	3576772	138748	-32747	-2069
贵州			52146	600406	-11289	-3859	
云南			6589	964520	-17722	155	-743
西藏			22726	65205			-80
陕西			197018	1825755	5626	-1674	8
甘肃			23172	178322	92698	-3107	984
青海			-1784	91797	-2450	-101	
宁夏			15281	140765	1151	-638	
新疆			1353	269534	5196	-2285	

4-8　续表 2

单位：万元

地　区	内　资			港澳台商投资			
	私营有限责任公司	私营股份有限公司	其他内资企业		合资经营	合作经营	独　资
全国总计	**36297337**	**817468**	**44896**	**14887967**	**5881334**	**444199**	**8202791**
北　京	-119249	37124		102806	108401	18452	-23997
天　津	-203158	-2325	-5837	123185	81774	-4848	46259
河　北	453997	-14527		34301	18408		12548
山　西	156584	-4802		-1789	-147	-40	-1602
内蒙古	151740	-5857		-3714	-3714		
辽　宁	525926	25568	710	490846	296634	-233	194445
吉　林	150455	-5218		126212	-2429	43343	85298
黑龙江	124843	-889		-6132	-1251		-4881
上　海	775184	278613		2171652	1641085	46608	487132
江　苏	7160595	28399	8361	2781566	1490744	34246	1048451
浙　江	8811361	-20228		843303	162617	-568	684780
安　徽	638803	1965	-7547	96942	-21380		118322
福　建	1845377	16015		813634	303254	564	411260
江　西	1113777	92525		176087	19894	42	156277
山　东	1985209	35040	-7530	455664	163788	-1507	301250
河　南	2726392	15697	-804	166867	25047	21901	119919
湖　北	1548193	-7935	169	153997	44018	-2262	91870
湖　南	1137744	15529		146905	89373	9751	47781
广　东	4935199	182933	-5431	3218753	330088	374285	2448713
广　西	354874	24646		221574	19277	-8296	210593
海　南	-233043	-9414		485911	-9434	-469	410883
重　庆	1815832	19968		1588100	969941	-101784	725681
四　川	1640301	43350		359264	37113	14534	307617
贵　州	-198809	-150		83614	-51569		135183
云　南	-123265	13643	813	88885	-7423		192954
西　藏	34074	1895					
陕　西	-828654	3035	61850	98516	90155	481	12108
甘　肃	-147151	-4007	141	5214	5214		
青　海	-5860	738					
宁　夏	85417	58215		40114	40114		
新　疆	-15351	-2076		25692	41744		-16051

4-8 续表 3

单位：万元

地区	港澳台商投资		外商投资					
	股份有限	其他		合资经营	合作经营	独资	股份有限	其他
全国总计	**297772**	**61870**	**6719680**	**2199387**	**728626**	**3789910**	**27817**	**-26060**
北京		-49	140452	107819	40242	-7608		
天津			123490	18496	13000	94431	-1209	-1228
河北	3344		43170	4505		38665		
山西			-8867	-196		-8671		
内蒙古								
辽宁			324002	62452		261550		
吉林			20140	2602		-197		17734
黑龙江			85641	75175		10467		
上海	-1	-3173	1231345	350217	518935	388374	-20088	-6093
江苏	35914	172211	832377	607110	96394	115848	-616	13642
浙江	-3220	-307	760830	323995	99	411708	25029	
安徽			72140	13106		50720		8314
福建	98557		241635	-36845		284573	-6093	
江西	-126		120750	83699		37051		
山东	-3392	-4475	197635	184928	27650	-10035	-2967	-1940
河南			-17275	1541	-111	-18706		
湖北	20371		98901	17653		91776		-10527
湖南			149409	56107	-3677	87278		9701
广东	71401	-5734	1878601	159486	35833	1680206	40258	-37181
广西			207589	25604		184150		-2164
海南	84931		-1571	-2780	11994	5532		-16316
重庆	-5781	43	14827	34645	-4831	-8490	-6497	
四川			28734	11658	-1422	18498		
贵州			2581	634	2282	-334		
云南		-96645	65199	60937		4262		
西藏								
陕西	-4227		88136	12588	-7761	83309		
甘肃			3192	2995		197		
青海			251	251				
宁夏			16365	21008		-4642		
新疆								

4-9　各地区按资质等级分的房地产开发企业营业利润

单位：万元

地　区	总　计	一　级	二　级	三　级	四　级	暂　定	其　他
全国总计	**140229870**	**21813605**	**22296878**	**20015716**	**9870638**	**52382937**	**13850095**
北　京	2145954	1318118	-142715	175660	494228	115961	184701
天　津	-194763	-310340	295854	141648	-423990	50935	51131
河　北	1054416	159633	229713	376010	580207	-134775	-156373
山　西	1110261	127517	-32189	31067	542403	399593	41870
内蒙古	500147	96637	-83387	154955	203748	94770	33424
辽　宁	2580508	-78964	179024	429249	-24989	1360355	715833
吉　林	763596	235606	151574	101420	70823	210711	-6538
黑龙江	597271	17229	288628	299676	-3650	-7551	2938
上　海	12820892	2587462	2113692	560835	43086	6847653	668164
江　苏	19342462	1305260	5591498	580612	5858	9127251	2731984
浙　江	14110884	1734297	1066914	2805059	803789	5146167	2554659
安　徽	4436453	455896	593891	902244	70975	2021779	391668
福　建	5945680	1390721	995946	1592636	295695	1657875	12808
江　西	3726364	36703	359230	333463	508623	2102348	385998
山　东	7942201	1378723	306706	1256135	624789	4072604	303244
河　南	6277766	805601	661791	818924	163476	2875157	952817
湖　北	5546427	843105	1391988	404928	65978	2635696	204732
湖　南	2606202	54878	372277	1031897	697806	401653	47691
广　东	29656104	6911160	1473217	4376452	4867294	9008062	3019919
广　西	1385621	144014	314017	271286	54183	549729	52393
海　南	847900	99262	165645	52368	-48553	-128583	707761
重　庆	6257970	1150927	2711109	232486	2106	2113492	47850
四　川	6762701	782823	2052233	2727544	-18914	871834	347182
贵　州	549413	13146	415840	87604	20205	8464	4154
云　南	1042931	89340	265697	-60297	-53204	678196	123199
西　藏	123093	-1706	39992	29636	44970	10830	-629
陕　西	1419042	229792	281029	31554	253262	157104	466300
甘　肃	153448	71989	-33573	140297	-44953	15687	4001
青　海	81964	13087	55377	18869	-8314	12883	-9937
宁　夏	356669	97906	117435	76852	-1040	46122	19395
新　疆	280293	53784	98425	34646	84743	60937	-52242

4-10 各地区按登记注册类型分的房地产开发企业利润总额

单位：万元

地　区	总　计	内　资	国　有	集　体	股份合作	国有联营	集体联营
全国总计	**136888388**	**115173498**	**2365634**	**231549**	**-31268**	**23788**	**-966**
北　京	2177372	1953322	4110	17572	-3123	1	-957
天　津	-299426	-534839	32196	-1126			
河　北	812176	741753	-1519		10	5905	
山　西	810666	821222	-6065	-122			
内蒙古	504053	507748	-1414		-318		
辽　宁	2425176	1610498	-22945	76	225		
吉　林	745308	598941	32393				
黑龙江	613864	534052	-1606		-1986	-3566	
上　海	13089275	9525850	515472	12492	3956	272	-8
江　苏	19014040	15432699	223742	28853	226	-10323	
浙　江	13870459	12251057	7417	-1129	-278	25721	
安　徽	4388932	4210373	76419	-18	1280	-2363	
福　建	5814578	4753171	-4569	217			
江　西	3704674	3411630	20011	-1084		-862	
山　东	7657778	7014755	65055	34150	-5102		
河　南	6102827	5955966	5588	-19	-20007		
湖　北	5385486	5147600	163179	-401	-5304	2051	
湖　南	2630360	2325256	-12722	-1501	-2252	-98	
广　东	29501553	24219327	1014329	146005	2380		
广　西	1287861	853555	23303	187	-256		
海　南	599975	213767	19764	-2351			
重　庆	6257837	4681719	146755		-114	7050	
四　川	6548601	6167153	22887	148	27		
贵　州	394893	356556	24275	-15			
云　南	704487	547706	43733	-230			
西　藏	131926	131926	-120				
陕　西	1442770	1260442	-25405	-243	-545		
甘　肃	63779	55126	3738	88			
青　海	58194	57943	-577				
宁　夏	224756	168758					
新　疆	224160	198468	-1789	0	-87		

4-10 续表 1

单位：万元

地　区	内　资						
	国有与集体联营	其他联营	国有独资公司	其他有限责任公司	股份有限公司	私营独资	私营合伙
全国总计	**10790**	**-7532**	**8082399**	**64733462**	**5068355**	**-158684**	**91995**
北　京			171298	1244769	564872	-37143	
天　津			-91250	-53437	-165971	-10036	
河　北			41945	336027	-17446	-1137	-44
山　西			109843	866338	-182	-413	
内蒙古			36297	308347	27304	-439	-4840
辽　宁			-9857	1127250	21914	-66557	-202
吉　林			67006	350603	18876	-812	
黑龙江			-590	461514	-45047	-6970	
上　海			1782818	5750524	474582	-14974	75
江　苏	9386	-239	664193	7168481	399064	72009	-8218
浙　江			187821	3213786	308447	-4310	-215
安　徽	-273	-174	178128	3250765	79150	12016	707
福　建		-470	731762	2217731	30776		-358
江　西			71641	2065476	127122	-29547	
山　东		-2230	593074	3971261	496812	-5525	-3067
河　南			118956	3143040	50431	750	
湖　北	2266		257772	2988539	250621	233	-144
湖　南			68293	1162539	53787	2929	2138
广　东	-590	-4419	1142731	14992832	1887527	-16497	107972
广　西			123035	399836	-933	-162	
海　南			35748	255881	186931	-2289	
重　庆			405418	2198474	110680	-4958	
四　川			1051398	3401139	139468	-33396	-1888
贵　州			56327	552591	-11377	-3671	
云　南			24970	755882	-19981	106	-787
西　藏			40755	56502			-80
陕　西			196784	1912281	4217	-1725	8
甘　肃			25073	154480	92862	-3140	937
青　海			-1764	84131	-2450	-101	
宁　夏			5188	133159	1149	-634	
新　疆			-2414	262722	5150	-2292	

4-10 续表 2

单位：万元

地区	内资			港澳台商投资			
	私营有限责任公司	私营股份有限公司	其他内资企业		合资经营	合作经营	独资
全国总计	**33947970**	**783767**	**32240**	**14980472**	**5852554**	**583757**	**8201280**
北京	-45384	37307		90208	106489	14165	-30389
天津	-225404	-2369	-17442	131124	89986	-4721	45858
河北	392119	-14106		33414	16373		13748
山西	-143358	-4820		-1707	-1176	-53	-478
内蒙古	150448	-7637		-3695	-3695		
辽宁	534516	26189	-112	494359	289688	-233	204904
吉林	136463	-5587		126043	-2100	43383	84760
黑龙江	133215	-912		-6014	-1114		-4900
上海	727990	272653		2338298	1654143	48233	639077
江苏	6848607	28517	8403	2759990	1471929	34270	1047759
浙江	8535621	-21825		848256	159317	-568	693042
安徽	625064	-2672	-7656	110708	-23266		133974
福建	1762019	16065		813810	296951	628	417763
江西	1069200	89673		172886	15421	39	157547
山东	1846321	31489	-7484	447120	169422	-1513	287077
河南	2642820	15348	-943	164544	25714	21892	116937
湖北	1498375	-9757	169	142498	44145	-2340	86788
湖南	1042889	9253		144789	88899	9749	46141
广东	4772784	179690	-5418	3322856	317549	525683	2416715
广西	284405	24138		225633	19904	-8374	214104
海南	-268719	-11196		395001	-6854	-449	321314
重庆	1799994	18420		1576879	969172	-110999	724521
四川	1540259	47112		355749	38838	14505	302406
贵州	-260518	-1057		37837	-52664		90501
云南	-269209	12409	813	91096	-7444		195801
西藏	32984	1885					
陕西	-889946	3249	61768	97502	89575	461	12371
甘肃	-214505	-4549	141	5219	5219		
青海	-22036	740					
宁夏	-27813	57708		40380	40380		
新疆	-61232	-1590		25692	41753		-16061

4-10　续表 3　　　　单位：万元

地　　区	港澳台商投资		外商投资					
	股份有限	其　他		合资经营	合作经营	独　资	股份有限	其　他
全国总计	**282193**	**60687**	**6734418**	**2241575**	**703129**	**3811100**	**16047**	**-37433**
北　京		-57	133843	108604	28370	-3131		
天　津			104290	18279	1763	86735	-1235	-1252
河　北	3292		37010	-757		37767		
山　西			-8849	-196		-8653		
内蒙古								
辽　宁			320320	60690		259630		
吉　林			20324	2811		-234		17747
黑龙江			85826	75356		10470		
上　海	-1	-3155	1225127	357937	518083	391795	-30573	-12114
江　苏	34375	171657	821351	600385	96395	111924	-991	13638
浙　江	-3220	-316	771146	315261	85	431302	24498	
安　徽			67852	13105		47883		6864
福　建	98469		247597	-37554		291211	-6060	
江　西	-122		120158	83496		36663		
山　东	-3391	-4475	195904	184447	27546	-11113	-2967	-2010
河　南			-17682	1876	-112	-19447		
湖　北	13905		95387	16911		89873		-11397
湖　南			160316	67327	-3754	87038		9705
广　东	68658	-5749	1959370	235873	35949	1684729	39821	-37001
广　西			208673	26057		184722		-2106
海　南	80991		-8794	-9063	12111	7970		-19812
重　庆	-5859	43	-760	20177	-4724	-9766	-6447	
四　川			25698	6586	-2983	22094		
贵　州			500	-1445	2278	-334		
云　南		-97261	65685	61169		4516		
西　藏								
陕　西	-4905		84826	9944	-7876	82452		306
甘　肃			3434	3003		431		
青　海			251	251				
宁　夏			15618	21045		-5427		
新　疆								

4-11 各地区按资质等级分的房地产开发企业利润总额

单位：万元

地区	总计	一级	二级	三级	四级	暂定	其他
全国总计	**136888388**	**21556468**	**22063842**	**19652690**	**9430214**	**50730979**	**13454195**
北京	2177372	1336055	-143519	149715	443883	212243	178997
天津	-299426	-319514	292000	134852	-491762	19327	65671
河北	812176	126495	212356	333153	559821	-249950	-169699
山西	810666	-111095	-50822	36463	529944	367519	38657
内蒙古	504053	92483	-73613	159925	184786	107002	33470
辽宁	2425176	-188470	185335	421362	7041	1361565	638343
吉林	745308	232504	148001	99631	69813	203459	-8100
黑龙江	613864	12137	294109	294940	-3375	-13100	29154
上海	13089275	2569138	2213750	582265	43000	6953294	727828
江苏	19014040	1314365	5470555	566896	5866	9004733	2651625
浙江	13870459	1736347	1019319	2836208	805001	4944569	2529014
安徽	4388932	479305	599008	907190	69339	1959061	375030
福建	5814578	1388837	983301	1565776	290192	1571727	14745
江西	3704674	38505	374020	321517	514975	2069915	385742
山东	7657778	1363734	366100	1221750	604066	3875978	226152
河南	6102827	792899	660371	794358	158653	2743979	952567
湖北	5385486	834342	1332343	395219	52931	2582256	188395
湖南	2630360	60196	349074	1013797	658756	501149	47389
广东	29501553	6880964	1579909	4323768	4947965	8794236	2974711
广西	1287861	150262	336687	254029	45590	447755	53537
海南	599975	97146	160660	52221	-92441	-255054	637442
重庆	6257837	1158430	2745428	257325	3101	2046032	47522
四川	6548601	794580	2022638	2607383	-19492	811867	331626
贵州	394893	11839	351932	67460	9076	-42392	-3022
云南	704487	77930	241851	-66883	-229756	564046	117298
西藏	131926	-1712	39046	29213	38056	27951	-629
陕西	1442770	393488	261305	70792	213360	66686	437139
甘肃	63779	69358	-41504	113328	-52818	-24631	45
青海	58194	13338	49435	11397	-12315	6668	-10329
宁夏	224756	97795	-1873	72250	-2487	39693	19378
新疆	224160	54788	86640	25391	79445	33398	-55502

4-12　各地区按登记注册类型分的房地产开发企业主营业务收入

单位：万元

地　区	总　计	内　资					
			国　有	集　体	股份合作	国有联营	集体联营
全国总计	**1185820845**	**1090334352**	**11234689**	**1494970**	**194466**	**165161**	
北　京	31650847	30269358	182538	31503	5292		
天　津	20645854	18840944	476565	429			
河　北	25191638	24633050	98014			23001	
山　西	14506654	14359860	13557	2380			
内蒙古	9458910	9458910	8967		755		
辽　宁	28600361	24225714	99310	11792	14990		
吉　林	9142014	8500104	145475				
黑龙江	8409111	7987105	3516			8953	
上　海	56631609	45283015	1407919	42356	167	1004	
江　苏	155258932	135407376	1981024	196833	17354		
浙　江	119468749	111904611	132468	3983	4039	8878	
安　徽	54741894	53591881	550635	653	35638		
福　建	38613505	34620042	183929	2383			
江　西	27456826	25753601	146125				
山　东	79972169	76004953	827980	291038	1224		
河　南	53243835	52424531	110223		33526		
湖　北	41199839	40005383	508231	25717		29245	
湖　南	35464021	33894628	243689	8997	3471		
广　东	159273008	138749689	2433778	807641	40883		
广　西	21713177	19762354	101529	1914	609		
海　南	10593492	8601296	158839	1055			
重　庆	40678075	36648772	625353		82	94080	
四　川	58583409	57521684	227336	54484	28130		
贵　州	16599582	15958529	163194				
云　南	21208019	19756838	97104	180			
西　藏	442744	442744					
陕　西	24158230	23321752	80609	3161	8263		
甘　肃	7566629	7511066	135294	6947			
青　海	2056238	2055605					
宁　夏	4754546	4308474					
新　疆	8536931	8530486	91488	1525	44		

4-12 续表 1　　　　单位：万元

地区	内资						
	国有与集体联营	其他联营	国有独资公司	其他有限责任公司	股份有限公司	私营独资	私营合伙
全国总计	**119018**	**48615**	**53111822**	**545232002**	**18100114**	**1681493**	**500860**
北　京			3599175	24456214	664068		
天　津			1047813	11202234	223416	196	
河　北			343832	10892027	76009	1303	859
山　西			647889	7913873	335	2750	
内蒙古			495050	4142211	213716		
辽　宁			601859	13254022	372892	81143	18969
吉　林			402193	3828437	243494	27136	
黑龙江			195275	4879323	150659	8328	
上　海			5975147	25456624	913743	2105	561
江　苏	118734		5197358	54643619	3728194	656763	48830
浙　江			3718834	33629307	513053		1
安　徽		1785	1520950	35798745	661746	198284	56717
福　建			2941014	12758720	172575		
江　西			419908	13396899	484952	10016	
山　东		46686	3659864	42028288	1294294	40526	230
河　南			1117977	28496504	391218	53153	
湖　北			1894552	21787068	1172999	13405	
湖　南			1304793	13368090	570881	98709	21332
广　东	284	145	4612021	80740679	3076883	142280	334756
广　西			989043	9923743	17600		
海　南			514643	6258270	525531		
重　庆			2366046	12125828	832328	76965	
四　川			5245963	30952339	952638	256453	
贵　州			937503	8533076	7494	7	
云　南			261969	11904989	332600	5525	5551
西　藏			45682	154118			341
陕　西			1833644	13319270	102267	630	
甘　肃			582946	2935875	303504		12713
青　海			53977	1039388	0		
宁　夏			309585	1730766	22057		
新　疆			275320	3681459	78967	5816	

4-12　续表 2

单位：万元

地　区	内资			港澳台商投资			
	私营有限责任公司	私营股份有限公司	其他内资企业		合资经营	合作经营	独资
全国总计	**453083910**	**4990540**	**376692**	**64230346**	**25619000**	**2430081**	**35071095**
北　京	1210101	120468		816927	303762	105380	407785
天　津	5825239	53972	11082	833179	339102	12681	481396
河　北	13196594	1411		253104	105683		132798
山　西	5754916	24159		38636	533		38103
内蒙古	4569256	28957					
辽　宁	9568302	201366	1069	2991634	1274084	-12	1717561
吉　林	3844124	9244		552861	11907	216424	324530
黑龙江	2708935	32118		148984	56239		92746
上　海	10707439	775951		7349181	4690853	177087	2479654
江　苏	68319781	486494	12394	15127745	8879505	63550	5764686
浙　江	73819611	74436		3897546	1595067		2299904
安　徽	14559983	206745	0	926396	189383		737013
福　建	18530343	31078		2974340	1711922	12493	1249924
江　西	11071459	224242		1048127	270043	2071	775925
山　东	27413937	305374	95512	2771933	1297551	65	1474299
河　南	22109198	107424	5308	697029	77387	61525	558117
湖　北	14452294	121871		575466	241734	10280	261987
湖　南	18104031	170635		979822	449311	26534	503977
广　东	46189117	370511	712	13102216	2200713	1483507	9266706
广　西	8561049	166868		908079	248566	232	659281
海　南	1126018	16940		1880074	29008		1466069
重　庆	20261545	266546		3414816	957391	173406	2279955
四　川	19291145	513196		846549	71371	37928	737251
贵　州	6259382	57873		560020	49799		510222
云　南	7041619	106382	919	900121	42769		813427
西　藏	232465	10137					
陕　西	7684677	39535	249696	354060	243875	46928	37723
甘　肃	3516439	17347		42238	42238		
青　海	942031	20209					
宁　夏	1872974	373093		232819	232819		
新　疆	4339909	55959		6445	6389		57

4-12 续表 3

单位：万元

地　区	港澳台商投资		外商投资					
	股份有限	其　他		合资经营	合作经营	独　资	股份有限	其　他
全国总计	**724267**	**385903**	**31256146**	**13722918**	**2556602**	**13735946**	**802064**	**438616**
北　京			564563	204276	250144	110143		
天　津			971730	105706	43194	520812	302018	
河　北	14623		305485	116853		188632		
山　西			108158	118		108041		
内 蒙 古								
辽　宁			1383014	877315		505699		
吉　林			89049	6544		6319		76186
黑 龙 江			273021	224415		48606		
上　海	1587		3999413	1138905	1521950	1281170	57388	
江　苏	116265	303739	4723811	2956072	352900	1349571	4327	60941
浙　江		2576	3666593	2010987	3289	1500886	151430	
安　徽			223618	30154		149389		44075
福　建			1019123	279787		738184	1152	
江　西	87		655099	417050		238049		
山　东		19	1195283	983911	87069	118653	8	5641
河　南			122275	27692		94583		
湖　北	61465		618989	133820		483994		1175
湖　南			589571	358432		165560		65579
广　东	116825	34464	7421103	2519734	211498	4245190	270853	173829
广　西			1042744	354241		688473		30
海　南	384998		112122	58	52169	48735		11161
重　庆	2883	1180	614487	190790	2940	405869	14888	
四　川			215176	90243		124933		
贵　州			81033	53826	27208			
云　南		43926	551060	429169		121890		
西　藏								
陕　西	25534		482418	86661	4241	391516		
甘　肃			13325	10631		2695		
青　海			633	633				
宁　夏			213253	114896		98357		
新　疆								

4-13　各地区按资质等级分的房地产开发企业主营业务收入

单位：万元

地　区	总　计	一　级	二　级	三　级	四　级	暂　定	其　他
全国总计	**1185820845**	**55718370**	**166011749**	**157394761**	**124301215**	**558434802**	**123959948**
北　京	31650847	3532319	3435638	1579722	13748024	8365679	989466
天　津	20645854	184570	2255432	1169554	12889723	2935686	1210888
河　北	25191638	2266158	3113065	4296209	6792838	8168246	555123
山　西	14506654	786652	1603307	987698	6283729	4578673	266594
内蒙古	9458910	486704	964071	1362363	4593402	1543847	508523
辽　宁	28600361	781468	2439044	4624301	72879	13624408	7058261
吉　林	9142014	554948	1259591	1085732	1101236	5032003	108506
黑龙江	8409111	145277	2259250	3794586	132323	1493039	584637
上　海	56631609	1857039	6379783	2878823	148947	41665568	3701449
江　苏	155258932	5556172	38743341	3300048	37025	87552256	20070090
浙　江	119468749	2811159	5157108	17933633	6598094	58381808	28586947
安　徽	54741894	1636847	4417904	7045467	789884	35014529	5837264
福　建	38613505	2689145	4986278	7559023	2047251	20049269	1282540
江　西	27456826	507966	1416107	2547923	2731104	17428866	2824860
山　东	79972169	5928292	8124361	9795388	8299434	41518833	6305861
河　南	53243835	3306777	6564204	5016195	1501380	29401765	7453515
湖　北	41199839	2663054	7541091	3205543	2567265	23656366	1566520
湖　南	35464021	1462132	4203231	10572546	7224609	11016315	985188
广　东	159273008	6229552	8636700	22401545	30108232	70852293	21044687
广　西	21713177	773900	3030339	3156186	852234	13310407	590111
海　南	10593492	475603	739879	861235	650535	5085285	2780955
重　庆	40678075	2956343	17758134	2784451	30749	16558112	590287
四　川	58583409	3514909	14134456	28790016	96774	9293187	2754066
贵　州	16599582	211443	5023666	2551699	1431198	7072628	308949
云　南	21208019	849883	3049402	1269758	5133121	8922340	1983516
西　藏	442744		103306	62558	184479	92035	366
陕　西	24158230	1854417	3376994	2421975	4331707	8600045	3573093
甘　肃	7566629	333081	1565516	2148464	1882555	1595612	41402
青　海	2056238	243524	682335	408784	113908	516742	90946
宁　夏	4754546	778449	1649856	860475	351606	944518	169643
新　疆	8536931	340590	1398363	922864	1574975	4164445	135694

第二部分　城市篇

第五章　35 个大中城市房地产综合情况

5-1　35个大中城市按登记注册类型分的房地产开发企业个数

单位：个

地　区	总　计	内　资					
			国　有	集　体	股份合作	国有联营	集体联营
总　计	**30767**	**28500**	**495**	**49**	**20**	**12**	**2**
北　京	1304	1223	18	3	4	1	1
天　津	1180	1102	44	3			
石家庄	552	546					
太　原	705	696	8				
呼和浩特	195	195					
沈　阳	565	484	1				
大　连	547	477	6				
长　春	649	630	4				
哈尔滨	535	523	6		2	1	
上　海	2588	2220	67	12	1	1	1
南　京	655	581	29		1	2	
杭　州	1615	1480	5			1	
宁　波	967	882	2				
合　肥	641	617	10			2	
福　州	707	634	11	5			
厦　门	399	293	3				
南　昌	558	518	12	1			
济　南	705	671	23		1		
青　岛	1233	1096	13	3	3		
郑　州	1509	1472	15				
武　汉	1217	1147	47		1	2	
长　沙	889	854	4				
广　州	1357	1088	36	14	1		
深　圳	745	652	26	2	2		
南　宁	642	603	6				
海　口	338	324	19	4			
重　庆	2278	2173	23		1	2	
成　都	1505	1438	5		1		
贵　阳	671	648	8	1			
昆　明	761	726	8				
西　安	1062	1030	18		2		
兰　州	475	468	14	1			
西　宁	162	161	1				
银　川	333	327					
乌鲁木齐	523	521	3				

5-1 续表 1　　　　　　　　　　　　　　　　　　　　单位：个

地　区	内　资						
	国有与集体联　营	其他联营	国有独资公　司	其他有限责任公司	股份有限公　司	私营独资	私营合伙
总　计	**1**	**3**	**1213**	**12980**	**376**	**78**	**13**
北　京			62	915	15	4	
天　津			79	598	24	7	
石家庄			6	204	1	1	1
太　原			27	249	1		
呼和浩特			4	80	5	1	1
沈　阳			12	217	9	10	
大　连			14	206	7	7	
长　春			12	212	12		
哈尔滨			13	221	8	4	
上　海			199	1072	30	4	2
南　京			21	252	15	3	1
杭　州			32	553	8		
宁　波			26	329	5	2	
合　肥			23	397	13	3	
福　州		1	16	125	1		1
厦　门			38	122	2		
南　昌			20	256	13		
济　南			31	384	9		
青　岛			38	590	29	3	
郑　州			27	871	16		
武　汉	1		57	600	31	2	1
长　沙			40	372	8	1	
广　州		1	42	552	12	5	2
深　圳		1	22	227	29	8	
南　宁			33	271	3		
海　口			7	197	3		1
重　庆			86	439	31	5	
成　都			77	861	8	6	
贵　阳			26	275	4		
昆　明			24	348	11		1
西　安			44	466	3	1	
兰　州			15	162	6		1
西　宁			10	43	1		1
银　川			14	120		1	
乌鲁木齐			16	194	3		

5-1 续表 2

单位：个

地 区	内资 私营有限责任公司	内资 私营股份有限公司	内资 其他内资企业	港澳台商投资	合资经营	合作经营	独资
总 计	**13060**	**180**	**18**	**1487**	**550**	**104**	**808**
北 京	195	5		40	13	10	16
天 津	339	4	4	43	20	2	21
石家庄	332	1					
太 原	407	4		4	1		3
呼和浩特	102	2					
沈 阳	233	2		54	19	1	34
大 连	231	3	3	53	22	2	29
长 春	382	8		12	5	1	6
哈尔滨	265	3		9	5		4
上 海	808	23		261	101	9	148
南 京	252	4	1	60	33	1	24
杭 州	880	1		88	27	1	59
宁 波	515	3		33	18	1	14
合 肥	161	7	1	17	10		7
福 州	474			46	21	1	23
厦 门	128			69	18	3	48
南 昌	215	1		30	15	1	14
济 南	216	6	1	25	14		11
青 岛	407	9	1	93	53	3	32
郑 州	538	3	2	27	10	2	15
武 汉	401	3	1	41	16	2	21
长 沙	427	2		23	9	1	13
广 州	421	1	1	181	25	55	100
深 圳	327	8		75	20	3	50
南 宁	287	3		15	6		9
海 口	89	4		11	2		8
重 庆	1561	25		71	18	2	48
成 都	467	13		41	16	2	23
贵 阳	330	4		17	10		7
昆 明	327	6	1	27	12		13
西 安	490	4	2	13	5	1	6
兰 州	262	7		4	3		1
西 宁	104	1					
银 川	185	7		2	2		
乌鲁木齐	302	3		2	1		1

5-1 续表 3　　单位：个

地　区	港澳台商投资		外商投资					
	股份有限	其　他		合资经营	合作经营	独　资	股份有限	其　他
总　计	**15**	**10**	**780**	**337**	**37**	**379**	**14**	**13**
北　京		1	41	20	9	12		
天　津			35	9	2	19	4	1
石家庄			6	2		4		
太　原			5	3		2		
呼和浩特								
沈　阳			27	11		16		
大　连			17	13		4		
长　春			7	5		2		
哈尔滨			3	2		1		
上　海	1	2	107	34	5	64	2	2
南　京	2		14	5	2	7		
杭　州	1		47	26		20	1	
宁　波			52	16		35	1	
合　肥			7	1		4		2
福　州	1		27	10		17		
厦　门			37	9		26	2	
南　昌			10	5		5		
济　南			9	3		5	1	
青　岛	3	2	44	31	2	8	1	2
郑　州			10			10		
武　汉	2		29	16		11		2
长　沙			12	6	1	5		
广　州		1	88	40	12	34		2
深　圳	1	1	18	7	1	10		
南　宁			24	13		10		1
海　口	1		3	1		1		1
重　庆	2	1	34	15	1	16	2	
成　都			26	10	1	15		
贵　阳			6	5		1		
昆　明		2	8	3		5		
西　安	1		19	11	1	7		
兰　州			3	2		1		
西　宁			1	1				
银　川			4	2		2		
乌鲁木齐								

5-2　35个大中城市按资质等级分的房地产开发企业个数

单位：个

地　区	总　计	一　级	二　级	三　级	四　级	暂　定	其　他
总　计	**30767**	**611**	**3249**	**5182**	**3664**	**14334**	**3727**
北　京	1304	50	75	68	667	358	86
天　津	1180	16	54	58	742	209	101
石家庄	552	7	35	48	135	325	2
太　原	705	5	67	71	275	263	24
呼和浩特	195	1	13	34	115	25	7
沈　阳	565	3	27	64	1	284	186
大　连	547	10	22	110	5	275	125
长　春	649	7	82	79	67	403	11
哈尔滨	535	8	88	250	6	144	39
上　海	2588	34	193	218	2	1784	357
南　京	655	21	165	47		282	140
杭　州	1615	34	72	106	36	886	481
宁　波	967	14	23	394	43	274	219
合　肥	641	26	48	101	26	350	90
福　州	707	14	44	140	46	441	22
厦　门	399	11	32	22	133	111	90
南　昌	558	8	43	58	36	379	34
济　南	705	28	56	90	11	408	112
青　岛	1233	16	55	93	30	868	171
郑　州	1509	42	153	155	13	940	206
武　汉	1217	39	166	119	3	838	52
长　沙	889	12	72	241	193	358	13
广　州	1357	15	66	384	49	596	247
深　圳	745	21	25	127	166	194	212
南　宁	642	11	40	75	36	469	11
海　口	338	2	17	32	31	223	33
重　庆	2278	70	738	440	20	944	66
成　都	1505	23	252	947	17	156	110
贵　阳	671	2	67	96	105	362	39
昆　明	761	18	107	55	168	300	113
西　安	1062	17	135	136	242	257	275
兰　州	475	6	56	142	109	155	7
西　宁	162	2	50	36	17	40	17
银　川	333	9	68	80	47	121	8
乌鲁木齐	523	9	43	66	72	312	21

5-3 35个大中城市按登记注册类型分的房地产开发企业从业人数

单位：人

地 区	总 计	内 资					
			国 有	集 体	股份合作	国有联营	集体联营
总 计	**976495**	**879555**	**15984**	**1174**	**512**	**330**	**27**
北 京	49513	44659	865	187	179	28	27
天 津	33551	29623	1424	36			
石家庄	18097	16444					
太 原	16825	16541	172				
呼和浩特	6247	6247					
沈 阳	14567	11091	6				
大 连	11011	9746	162				
长 春	17853	16921	114				
哈尔滨	11738	11306	67		23	18	
上 海	58933	44447	961	193	23	23	
南 京	22548	18144	567			46	
杭 州	32613	29439	60			16	
宁 波	18795	16430	12				
合 肥	20154	18782	306			56	
福 州	28073	24631	343	49			
厦 门	12894	10040	51				
南 昌	17422	16095	517	20			
济 南	21472	20105	708		13		
青 岛	32303	27699	358	183	66		
郑 州	47446	46166	387				
武 汉	43025	40056	1834		18	38	
长 沙	31020	28602	51				
广 州	45909	35306	623	321	36		
深 圳	36106	29612	1361	82	68		
南 宁	22158	20168	343				
海 口	11918	10309	574	77			
重 庆	102439	97160	1547		14	105	
成 都	50756	47130	318		33		
贵 阳	27018	26145	134	12			
昆 明	26886	25046	193				
西 安	39610	38533	1395		39		
兰 州	16442	16239	366	14			
西 宁	5896	5875	12				
银 川	10392	10067					
乌鲁木齐	14865	14751	153				

5-3　续表 1　　单位：人

地　区	内　资						
	国有与集体联营	其他联营	国有独资公司	其他有限责任公司	股份有限公司	私营独资	私营合伙
总　计	**58**	**54**	**54890**	**417764**	**21641**	**1910**	**303**
北　京			3823	32812	1952	236	
天　津			2314	15161	853	73	
石家庄			190	7034	77	21	5
太　原			963	8823	47		
呼和浩特			196	3171	118	20	46
沈　阳			275	5588	250	147	
大　连			682	4389	158	195	
长　春			518	7511	424		
哈尔滨			315	6507	204	65	
上　海			4580	21140	1164	14	8
南　京			840	8034	783	77	11
杭　州			858	11803	827		
宁　波			452	6357	137	43	
合　肥			801	12080	539	93	
福　州		35	1044	4436	80		20
厦　门			2443	5318	78		
南　昌			1039	8623	558		
济　南			1846	11556	265		
青　岛			1960	14520	1183	74	
郑　州			1090	31165	705		
武　汉	58		1984	20453	1812	92	20
长　沙			1213	14023	868	21	
广　州		1	1599	20383	1024	57	106
深　圳		18	1269	9918	3302	109	
南　宁			1100	10461	55		
海　口			374	6544	226		10
重　庆			4712	20178	1704	290	
成　都			4483	27630	1364	246	
贵　阳			848	12337	72		
昆　明			1275	12708	481		
西　安			6026	17619	121	18	
兰　州			961	7045	97		62
西　宁			404	2141	19		15
银　川			1565	3952		19	
乌鲁木齐			848	6344	94		

5-3 续表 2

单位：人

地　区	内　资			港澳台商投　资	合资经营	合作经营	独　资
	私营有限责任公司	私营股份有限公司	其他内资企　业				
总　计	**359368**	**5092**	**448**	**63667**	**24909**	**4079**	**33316**
北　京	4308	242		2946	416	725	1794
天　津	9642	61	59	2554	1234	144	1176
石家庄	9107	10					
太　原	6417	119		72			72
呼和浩特	2671	25					
沈　阳	4804	21		2208	829	1	1378
大　连	3954	155	51	952	375	41	536
长　春	8205	149		618	125	268	225
哈尔滨	4066	41		387	97		290
上　海	15563	778		11501	5380	831	5264
南　京	7711	73	2	3478	1998	17	1138
杭　州	15863	12		1937	538	3	1361
宁　波	9401	28		750	380	2	368
合　肥	4677	159	71	762	504		258
福　州	18624			2104	1021	22	763
厦　门	2150			1773	753	51	969
南　昌	5291	47		1123	403	19	701
济　南	5456	212	49	1216	677		539
青　岛	9254	96	5	3350	2242	29	866
郑　州	12757	19	43	1052	109	131	812
武　汉	13598	147	2	1598	592	28	939
长　沙	12348	78		1476	388	45	1043
广　州	11134		22	6386	1693	1414	3271
深　圳	13331	154		4305	1277	25	2888
南　宁	8155	54		1082	133		949
海　口	2428	76		620	71		470
重　庆	67332	1278		3580	961	151	2420
成　都	12739	317		2643	1333	92	1218
贵　阳	12690	52		759	272		487
昆　明	10173	214	2	1599	556		917
西　安	13122	51	142	382	146	40	156
兰　州	7588	106		156	155		1
西　宁	3202	82					
银　川	4356	175		184	184		
乌鲁木齐	7251	61		114	67		47

5-3 续表 3

单位：人

地区	港澳台商投资		外商投资					
	股份有限	其他		合资经营	合作经营	独资	股份有限	其他
总计	**1070**	**293**	**33273**	**11184**	**2020**	**18338**	**356**	**1375**
北京		11	1908	535	774	599		
天津			1374	200	58	1012	91	13
石家庄			1653	77		1576		
太原			212	60		152		
呼和浩特								
沈阳			1268	419		849		
大连			313	234		79		
长春			314	239		75		
哈尔滨			45	31		14		
上海	7	19	2985	1099	234	1534	57	61
南京	325		926	410	78	438		
杭州	35		1237	412		805	20	
宁波			1615	406		1170	39	
合肥			610	31		554		25
福州	298		1338	381		957		
厦门			1081	98		922	61	
南昌			204	81		123		
济南			151	85		61	5	
青岛	92	121	1254	1008	35	161	22	28
郑州			228			228		
武汉	39		1371	512		757		102
长沙			942	112	54	776		
广州		8	4217	2176	535	1400		106
深圳	111	4	2189	411	70	1708		
南宁			908	442		386		80
海口	79		989	1		28		960
重庆	44	4	1699	651	10	977	61	
成都			983	365	15	603		
贵阳			114	114				
昆明		126	241	63		178		
西安	40		695	463	157	75		
兰州			47	38		9		
西宁			21	21				
银川			141	9		132		
乌鲁木齐								

5-4 35个大中城市按资质等级分的房地产开发企业从业人数

单位：人

地区	总计	一级	二级	三级	四级	暂定	其他
总计	**976495**	**72249**	**168814**	**155058**	**100371**	**390402**	**89601**
北京	49513	7037	6012	3270	22616	8667	1911
天津	33551	1462	2689	2295	20004	4960	2141
石家庄	18097	1657	1878	1702	3715	9048	97
太原	16825	267	2840	1647	5811	5973	287
呼和浩特	6247	165	557	1040	3018	1237	230
沈阳	14567	378	1365	1713	4	7354	3753
大连	11011	495	744	2253	41	5103	2375
长春	17853	2222	2694	2012	1582	9186	157
哈尔滨	11738	381	2026	5343	43	3145	800
上海	58933	4034	5735	5279	33	37108	6744
南京	22548	2386	6013	819		9184	4146
杭州	32613	2807	1643	2482	276	16110	9295
宁波	18795	964	812	8297	531	4695	3496
合肥	20154	1493	2316	3106	546	10700	1993
福州	28073	2648	2649	5742	1050	15426	558
厦门	12894	2792	2859	591	3201	2197	1254
南昌	17422	478	1467	1669	1264	11377	1167
济南	21472	1478	2945	2604	152	10911	3382
青岛	32303	2083	3124	2340	683	20543	3530
郑州	47446	3788	6763	4242	345	27528	4780
武汉	43025	3215	8815	3296	271	25983	1445
长沙	31020	1168	4596	9251	5188	10412	405
广州	45909	3894	3575	12025	720	19064	6631
深圳	36106	4333	1760	6935	6604	7511	8963
南宁	22158	820	2574	2657	975	14768	364
海口	11918	291	1154	1372	1951	6195	955
重庆	102439	8357	38877	14531	538	37477	2659
成都	50756	1527	11708	30003	200	4536	2782
贵阳	27018	151	10674	2163	1697	11303	1030
昆明	26886	1809	8042	1166	3341	8626	3902
西安	39610	5350	8135	4220	7098	8112	6695
兰州	16442	771	3257	3984	3414	4877	139
西宁	5896	202	2426	1192	382	1251	443
银川	10392	685	3388	2019	1273	2645	382
乌鲁木齐	14865	661	2702	1798	1804	7190	710

5-5 35个大中城市房地产开发企业投资规模与完成情况

单位：万元

地区	计划总投资	自开始建设累计完成投资	本年完成投资
总计	**4731470376**	**3118642063**	**653989333**
北京	297987634	227448057	39387093
天津	229114341	149633957	26085378
石家庄	47284615	22939799	9264907
太原	74310088	37109523	7148194
呼和浩特	25590063	15389088	2468943
沈阳	86712022	57297416	12358866
大连	67765495	47662504	7530643
长春	60868042	41128085	9960687
哈尔滨	49042501	30890259	6220494
上海	355189851	235701347	46987486
南京	191057425	109130181	26313994
杭州	224182311	137249017	35753272
宁波	107102769	62448857	18188785
合肥	121864498	82649475	15469920
福州	101717898	86257730	20702316
厦门	56553279	48920166	10557575
南昌	74056980	46896903	9715664
济南	120132064	74260937	17076304
青岛	112928298	65769108	20451153
郑州	214190252	139965339	34287764
武汉	297424168	138371657	27771514
长沙	145390172	95339074	18698777
广州	264525792	201823463	32939465
深圳	209753747	146576678	35378449
南宁	102128413	70227367	13782011
海口	44170283	30754876	4436699
重庆	310163404	250278936	43519565
成都	194631212	114138062	28476439
贵阳	106865310	66827423	12913660
昆明	137511922	96080682	22637080
西安	169652817	108870194	20646273
兰州	39966926	22251382	5537697
西宁	16506101	11760712	2704004
银川	31383787	22534629	3114257
乌鲁木齐	43745896	24059180	5504005

5-6 35个大中城市按用途分的房地产开发企业完成投资

单位：万元

地区	本年完成投资	住宅	办公楼	商业营业用房	其他
总计	**653989333**	**444311962**	**50364304**	**61469132**	**97843935**
北京	39387093	23170802	3134256	2376227	10705808
天津	26085378	20847997	502405	1752936	2982040
石家庄	9264907	7513050	509593	493748	748516
太原	7148194	5642547	299548	452159	753940
呼和浩特	2468943	1784525	20523	320425	343470
沈阳	12358866	9898263	146423	1120467	1193713
大连	7530643	5634373	146454	838785	911031
长春	9960687	6912673	667559	1008697	1371758
哈尔滨	6220494	4468481	166564	898638	686811
上海	46987486	24187856	8330814	5598510	8870306
南京	26313994	18627212	1367422	2418582	3900778
杭州	35753272	22156019	3114466	2978052	7504735
宁波	18188785	12040109	785636	1546920	3816120
合肥	15469920	12373709	693827	998344	1404040
福州	20702316	14939539	876524	1763005	3123248
厦门	10557575	6878503	646149	905981	2126942
南昌	9715664	6831912	856408	1294615	732729
济南	17076304	12043120	1693130	1693638	1646416
青岛	20451153	14791719	1351267	1521119	2787048
郑州	34287764	27002949	1645557	2733304	2905954
武汉	27771514	19590072	2524147	2598278	3059017
长沙	18698777	12059126	1473767	2707275	2458609
广州	32939465	21552055	4058820	2354177	4974413
深圳	35378449	19160942	6955369	4098904	5163234
南宁	13782011	9886331	503299	957590	2434791
海口	4436699	2864768	473008	548656	550267
重庆	43519565	31890503	895405	4461937	6271720
成都	28476439	18709054	2260125	3228255	4279005
贵阳	12913660	9341421	453202	1571190	1547847
昆明	22637080	16489608	1287864	2242263	2617345
西安	20646273	13429661	1955116	1912378	3349118
兰州	5537697	3951901	190042	584762	810992
西宁	2704004	1761802	100463	360625	481114
银川	3114257	2209883	36290	357203	510881
乌鲁木齐	5504005	3669477	242862	771487	820179

5-7　35个大中城市房地产开发企业实际到位资金情况

单位：万元

地　区	本年实际到位资金合计	上年末结余资金	本年实际到位资金			
				国内贷款		
					银行贷款	非银行金融机构贷款
总　计	**1309560082**	**408871098**	**900688984**	**157268574**	**132273097**	**24995477**
北　京	99109875	40900652	58209223	14231469	11496971	2734498
天　津	67961559	28540566	39420993	7585351	6077472	1507879
石家庄	14732080	3103101	11628979	1280607	1089795	190812
太　原	13340403	3948339	9392064	737502	686879	50623
呼和浩特	5375453	1142838	4232615	363446	314212	49234
沈　阳	23847110	7745940	16101170	1478281	1263799	214482
大　连	17270925	5585123	11685802	1816232	1457280	358952
长　春	17177446	4408304	12769142	577165	569810	7355
哈尔滨	10842593	2531031	8311562	475593	371073	104520
上　海	90275181	35113752	55161429	13459226	12836420	622806
南　京	59441797	13544803	45896994	9092436	7407401	1685035
杭　州	82431196	28263827	54167369	10991997	9290121	1701876
宁　波	42893030	10421255	32471775	5290469	4745991	544478
合　肥	38666278	11482145	27184133	4736467	3912598	823869
福　州	31174797	6659548	24515249	3351201	2573667	777534
厦　门	16275954	3531290	12744664	1285412	1202807	82605
南　昌	17562784	4090044	13472740	2264869	1872038	392831
济　南	32651506	7586350	25065156	5878343	3769009	2109334
青　岛	42727977	13422615	29305362	6026621	5062952	963669
郑　州	47274161	14347517	32926644	3369722	2948943	420779
武　汉	54333054	20572602	33760452	5616137	4531329	1084808
长　沙	35244652	9337816	25906836	4105706	3536922	568784
广　州	85029498	31658245	53371253	10522548	9553883	968665
深　圳	73532318	25175302	48357016	12991599	12316819	674780
南　宁	27251868	6489931	20761937	3961024	2943491	1017533
海　口	8006382	2414086	5592296	570498	533080	37418
重　庆	75973485	18168961	57804524	10191429	7210551	2980878
成　都	61063356	13306107	47757249	7632880	6336445	1296435
贵　阳	19697328	8934262	10763066	697880	530630	167250
昆　明	31823053	10928801	20894252	2431777	2127889	303888
西　安	37625994	9750316	27875678	1999681	1746116	253565
兰　州	7567543	1771406	5796137	927850	885876	41974
西　宁	3913533	733933	3179600	297780	231500	66280
银　川	6785976	987373	5798603	481651	352865	128786
乌鲁木齐	10679937	2272917	8407020	547725	486463	61262

5-7 续表 单位：万元

地区	利用外资	自筹资金	定金及预收款	个人按揭贷款	其他到位资金	本年各项应付款合计	#工程款
总计	**1325550**	**282688825**	**316368937**	**115606261**	**27430837**	**203288146**	**107999279**
北京	23543	14065333	24508904	3365149	2014825	4975642	2281117
天津		10431059	16502806	3394774	1507003	9711783	3820939
石家庄		6248438	2419681	1580503	99750	2782116	1249982
太原	40000	3531973	3462575	1551502	68512	1540198	1037114
呼和浩特		1157152	1862135	814600	35282	881871	601013
沈阳	73713	5643054	5944318	2731593	230211	4001667	2562870
大连		3104898	4749339	1799014	216319	2744528	1693551
长春	30	7429305	2589020	1730968	442654	2177662	1200858
哈尔滨		3616819	2272217	1591839	355094	2245092	1419018
上海	57575	19754972	17294200	2750363	1845093	9611169	5082511
南京	113700	12181647	16560529	6909368	1039314	11246905	4442251
杭州	383754	16578968	20310184	5026606	875860	6697473	3864116
宁波	9683	9911214	13459172	3598008	203229	5049645	2939352
合肥	45900	4688429	10605842	6101229	1006266	5851833	3328016
福州	72304	11728086	6180314	2539999	643345	4781822	2761921
厦门		6309829	2145509	956665	2047249	1330137	511409
南昌		4096263	3955698	2981810	174100	3149416	1887357
济南	72400	7178818	9331597	2137891	466107	5316248	3058981
青岛	224651	7841443	11909587	2527182	775878	7715245	4817671
郑州		17103485	7844355	4270631	338451	10568319	5322695
武汉	1200	10649314	11982203	3865880	1645718	8934508	4987039
长沙		7498127	9126824	4414297	761882	6005318	3883606
广州		19040672	16622217	6405525	780291	9000334	3310025
深圳		13436281	14242162	6632573	1054401	8872531	4369660
南宁		4590417	7710520	3654827	845149	7034298	3701025
海口		1833324	2238504	561882	388088	3273504	1115721
重庆		13109787	20926087	9715374	3861847	19839063	10333346
成都	20000	14037264	18809820	6924642	332643	11508392	6477411
贵阳		3249033	3194760	3273135	348258	3972679	2153232
昆明	187097	4201318	8023468	5325659	724933	7277234	4366492
西安		11621792	10003306	2624249	1626650	8104319	4769019
兰州		1799931	1888515	1131912	47929	3370313	2304810
西宁		970550	1442795	407727	60748	768712	414707
银川		781843	3314696	1050675	169738	1098511	863646
乌鲁木齐		3267987	2935078	1258210	398020	1849659	1066798

5-8 35个大中城市按用途分的房地产开发企业房屋施工面积

单位：平方米

地区	房屋施工面积	住宅	办公楼	商业营业用房	其他
总计	**3412422874**	**2147164891**	**260127636**	**356952008**	**648178339**
北京	139186397	67152567	16542289	10920576	44570965
天津	120345147	85181685	5864839	11276476	18022147
石家庄	37025973	29416976	2387713	1752075	3469209
太原	76593097	55806435	3157772	5753909	11874981
呼和浩特	31524028	20785802	553277	5855730	4329219
沈阳	71118421	52118916	2328859	8659062	8011584
大连	37119175	27761296	1143557	4408849	3805473
长春	76143035	49339389	5578566	10320927	10904153
哈尔滨	54902888	36579539	1744864	9206000	7372485
上海	157403382	77122534	22826543	18205191	39249114
南京	86639926	55746947	6564050	9723929	14605000
杭州	133150915	69643280	14818930	15210535	33478170
宁波	105756108	62311448	5600155	9453990	28390515
合肥	79989464	52753646	6499987	8267339	12468492
福州	86626010	54454038	6120634	9096184	16955154
厦门	36160433	16379885	6191025	3013269	10576254
南昌	60689491	42386581	4083236	6562342	7657332
济南	103530431	67009236	8987502	9916238	17617455
青岛	125283977	82417374	8201953	9744951	24919699
郑州	194447667	132019626	12935145	17210963	32281933
武汉	155658918	107435644	12604907	12818045	22800322
长沙	127461145	81186133	8470007	17044420	20760585
广州	118782889	69243195	13741934	11477603	24320157
深圳	95379447	47111603	19760194	13437243	15070407
南宁	107124913	69192148	6361292	8308127	23263346
海口	33706372	19921609	2492751	4893030	6398982
重庆	273681619	182417825	7018629	30410016	53835149
成都	191222322	105908564	17710167	21596652	46006939
贵阳	78754001	52136889	3899200	9517051	13200861
昆明	113590674	72017253	7155195	11997457	22420769
西安	144722290	100161557	11695084	12941259	19924390
兰州	50585647	33151313	2470888	5270424	9693022
西宁	18245132	11960601	553451	2609509	3121571
银川	37566373	24018732	1742408	4454082	7351151
乌鲁木齐	52305167	34914625	2320633	5618555	9451354

5-9 35个大中城市按用途分的房地产开发企业房屋新开工面积

单位：平方米

地区	房屋新开工面积	住宅	办公楼	商业营业用房	其他
总计	**741236630**	**485419464**	**43086926**	**62352259**	**150377981**
北京	30066158	17163594	1305266	1245606	10351692
天津	21618626	15667171	570185	2387564	2993706
石家庄	14759131	11801485	745781	704740	1507125
太原	13601279	9851648	390285	811301	2548045
呼和浩特	5995287	4480558		713643	801086
沈阳	16301988	11935306	233356	1998786	2134540
大连	8189331	6233585	119780	729656	1106310
长春	15348080	10525072	739281	1297320	2786407
哈尔滨	12651054	9031182	273948	1324927	2020997
上海	34406169	17563749	4210871	3317039	9314510
南京	21148970	13889391	1001142	2468792	3789645
杭州	35428379	21096611	1710356	2813790	9807622
宁波	32541731	19899321	1346574	2414151	8881685
合肥	17321794	12869629	776891	979642	2695632
福州	19410235	12274263	1412450	1462481	4261041
厦门	4056775	2285967	476565	240546	1053697
南昌	10878461	7734455	782066	1011217	1350723
济南	21310856	14495462	1456969	1814587	3543838
青岛	33124084	22563965	1678827	1766607	7114685
郑州	32898394	22836325	1040961	2765115	6255993
武汉	36687909	24774764	3304224	3149286	5459635
长沙	30683471	20516527	1745562	3523067	4898315
广州	26206081	14056714	4305151	1858466	5985750
深圳	18185099	9356635	3246923	2075227	3506314
南宁	20795824	13429962	886957	1364622	5114283
海口	3257126	1996075	388280	397831	474940
重庆	59477030	41065713	1106861	4533613	12770843
成都	38441942	22613681	3207259	3507009	9113993
贵阳	17875644	12932258	181334	1955168	2806884
昆明	28146456	18211557	1802447	2351870	5780582
西安	18636945	12668818	1439573	1506152	3022402
兰州	11845426	8304691	541819	930259	2068657
西宁	5204175	3522331	232819	735119	713906
银川	7418124	5504739	55870	490531	1366984
乌鲁木齐	17318596	12266260	370293	1706529	2975514

5-10 35个大中城市按用途分的房地产开发企业房屋竣工面积

单位：平方米

地 区	房屋竣工面积	住 宅	办公楼	商业营业用房	其 他
总 计	**339364466**	**221271541**	**20706173**	**32617626**	**64769126**
北 京	15457239	7284849	2422077	950784	4799529
天 津	16344711	12564257	324418	1357014	2099022
石家庄	2442535	2043446	116928	46161	236000
太 原	3484788	2632529	74120	134543	643596
呼和浩特	1587649	895716	64843	262207	364883
沈 阳	6494528	5143741	154200	587855	608732
大 连	1672549	1226307	9007	258239	178996
长 春	6581513	4590869	432384	827284	730976
哈尔滨	4692345	3404801	197922	574786	514836
上 海	28777753	16276099	2591444	2863800	7046410
南 京	14484197	10049013	697208	1812745	1925231
杭 州	17990795	9337282	2275767	2261917	4115829
宁 波	17069205	10751882	440291	1057524	4819508
合 肥	16136966	11302050	1096520	1360748	2377648
福 州	10922729	6583099	468391	1936299	1934940
厦 门	3487921	1074287	907045	190800	1315789
南 昌	8462735	6228990	598176	841249	794320
济 南	12729698	9135682	288295	850500	2455221
青 岛	11538941	7827118	664990	1169685	1877148
郑 州	14629283	10320383	626345	1371096	2311459
武 汉	7778570	6117326	345189	396111	919944
长 沙	12590871	8465861	424247	1613456	2087307
广 州	13897937	9239107	717859	1074864	2866107
深 圳	6408757	3410041	977185	1056587	964944
南 宁	7999105	5008478	1217863	481128	1291636
海 口	1902943	1268922	2124	309423	322474
重 庆	37743252	25852555	621713	3663678	7605306
成 都	14302389	8518663	720054	1305523	3758149
贵 阳	3593286	2211460	411719	482923	487184
昆 明	2930383	1950400	210780	147240	621963
西 安	6513096	4781488	298521	297143	1135944
兰 州	1793452	1470941		116138	206373
西 宁	933263	535224	34182	196289	167568
银 川	4989682	3191763	156247	663317	978355
乌鲁木齐	999400	576912	118119	98570	205799

5-11 35个大中城市按用途分的房地产开发企业房屋竣工价值

单位：万元

地区	房屋竣工价值	住宅	办公楼	商业营业用房	其他
总计	**153226325**	**102477523**	**11451907**	**16996035**	**22300860**
北京	5944561	2915964	972173	341413	1715011
天津	7488480	5621125	208993	714878	943484
石家庄	881318	780763	21397	24035	55123
太原	887025	680365	44773	53648	108239
呼和浩特	554088	345085	26368	95013	87622
沈阳	2855849	2159178	59075	445373	192223
大连	775766	602896	3260	114279	55331
长春	1905923	1295661	146212	263615	200435
哈尔滨	1233992	866709	69554	154339	143390
上海	18751376	10891967	2066474	2119386	3673549
南京	9212919	6679380	662974	1033231	837334
杭州	8998546	5354495	1073929	1175347	1394775
宁波	6758324	4614894	196458	446636	1500336
合肥	6223442	4459789	601642	500867	661144
福州	3376215	1806436	193373	826975	549431
厦门	1772115	799670	411288	107064	454093
南昌	2735707	1851853	287689	382078	214087
济南	3321996	2426818	76165	225704	593309
青岛	4015762	2847884	195400	444863	527615
郑州	4541341	3283275	209145	332638	716283
武汉	5684083	4524574	378542	412084	368883
长沙	5234093	3384596	406037	735827	707633
广州	7061540	4928859	438738	525315	1168628
深圳	8102754	4646903	947186	1645869	862796
南宁	3702230	2434493	691841	302568	273328
海口	1307846	913537	455	245847	148007
重庆	16857510	12725380	255158	1923491	1953481
成都	5973883	3806004	374482	594983	1198414
贵阳	850048	488494	116145	167550	77859
昆明	1189023	817558	117637	77191	176637
西安	2535288	1931280	107570	115349	381089
兰州	484477	393773		45892	44812
西宁	265568	167872	9912	55203	32581
银川	1419151	872997	36708	292004	217442
乌鲁木齐	324086	156996	45154	55480	66456

5-12　35个大中城市按用途分的房地产开发企业住宅竣工套数

单位：套

地　区	住　宅	#90平方米及以下住宅	#144平方米以上住宅
总　计	**2123435**	**832615**	**184493**
北　京	76869	57602	4879
天　津	117031	42911	8232
石 家 庄	18964	6279	1710
太　原	21880	5938	3929
呼和浩特	5141	250	2855
沈　阳	70023	45230	5186
大　连	12745	7330	1226
长　春	58394	38264	3997
哈 尔 滨	38871	19927	1293
上　海	175500	117790	9583
南　京	93793	52047	7699
杭　州	83462	30400	6613
宁　波	90715	8276	10314
合　肥	93720	18720	9123
福　州	57035	17049	4509
厦　门	15743	13050	318
南　昌	59983	22410	4035
济　南	77790	11724	10097
青　岛	66669	14867	10479
郑　州	93291	39169	10473
武　汉	56781	17616	5161
长　沙	73524	10130	7711
广　州	84987	22154	7348
深　圳	37332	25280	935
南　宁	47782	17882	2604
海　口	12929	7421	1816
重　庆	237523	67758	17433
成　都	75061	20378	9600
贵　阳	16777	2391	3964
昆　明	14311	1591	2719
西　安	91087	60334	3904
兰　州	11328	834	142
西　宁	4352	2071	380
银　川	26181	4237	3994
乌鲁木齐	5861	3305	232

5-13 35个大中城市按资质等级分的房地产开发企业住宅竣工套数

单位：套

地区	总计	一级	二级	三级	四级	暂定	其他
总计	**2123435**	**109054**	**323506**	**364361**	**203109**	**954756**	**168649**
北京	76869	7808	2556	1860	39509	24235	901
天津	117031	10359	7740	5168	72450	16496	4818
石家庄	18964		1242	1066	4064	12592	
太原	21880	863	832	824	12775	6586	
呼和浩特	5141	1080		1348	2247	466	
沈阳	70023	386	9926	12332		41396	5983
大连	12745			4975	25	6963	782
长春	58394		22292	2616	8893	23831	762
哈尔滨	38871		10451	19564	458	7189	1209
上海	175500	731	14027	3414	793	142945	13590
南京	93793	14418	31545	12563		23486	11781
杭州	83462	810	3550	3954	696	45856	28596
宁波	90715	4749	6017	56387	406	15837	7319
合肥	93720	988	8141	20369	239	46817	17166
福州	57035		12009	15575	284	29167	
厦门	15743	674	9616		3238		2215
南昌	59983	1018	3783	20120	5523	25529	4010
济南	77790	2881	4658	10030	4954	41676	13591
青岛	66669	1696	4369	3464	967	49301	6872
郑州	93291	4672	14086	2775		62982	8776
武汉	56781	3874	8630	6620	144	37513	
长沙	73524	3927	7292	25892	18421	17413	579
广州	84987	6893	2951	26531	1021	36669	10922
深圳	37332	1036	423	11397	5086	8839	10551
南宁	47782	7060	3921	6390	1135	29071	205
海口	12929		1970	550	1283	8046	1080
重庆	237523	20383	94058	23834	303	96609	2336
成都	75061	4940	12439	50350		5221	2111
贵阳	16777		2409	1823	337	12208	
昆明	14311	566	1802	563	526	9607	1247
西安	91087	1310	6318	5780	8628	58949	10102
兰州	11328		1102	2340	4686	3200	
西宁	4352	357	1797		690	1508	
银川	26181	5575	11121	1817	2884	3639	1145
乌鲁木齐	5861		433	2070	444	2914	

5-14 35个大中城市按用途分的房地产开发企业商品房销售面积

单位：平方米

地 区	商品房销售面积	住 宅	办公楼	商业营业用房	其 他
总 计	**543083337**	**454502217**	**21777777**	**30795364**	**36007979**
北 京	9708776	7335942	732198	533755	1106881
天 津	13069574	12207400	183244	431325	247605
石家庄	6562621	6179974	150101	59382	173164
太 原	7813624	7012369	177223	210896	413136
呼和浩特	4137646	3822666	9518	274172	31290
沈 阳	13813231	12855000	73370	435491	449370
大 连	7148426	6290807	119294	416014	322311
长 春	10544128	9363943	133485	641354	405346
哈尔滨	7685029	6793245	63005	641153	187626
上 海	17891616	14340696	1016801	837356	1696763
南 京	13246720	12138139	387271	426577	294733
杭 州	16993378	14716177	1182711	876327	218163
宁 波	18581974	15714390	605546	605530	1656508
合 肥	14861077	12974015	724266	397029	765767
福 州	18881024	15191725	675957	1055988	1957354
厦 门	6218152	3791347	603151	331418	1492236
南 昌	17708267	13672444	1183775	2206144	645904
济 南	13357486	11452394	513825	567645	823622
青 岛	16535912	14303733	643356	479920	1108903
郑 州	34260594	30256836	1185975	2255009	562774
武 汉	26463699	22523928	1180084	967584	1792103
长 沙	23774346	20465513	958475	1559008	791350
广 州	15394026	12232059	1197315	1100401	864251
深 圳	9087950	7522714	1082537	278139	204560
南 宁	18375858	14861899	356059	767638	2390262
海 口	4637355	3715246	307791	226727	387591
重 庆	61434700	48144922	1067316	5192717	7029745
成 都	36802992	28267431	2328904	2986784	3219873
贵 阳	12357462	11057628	194638	827785	277411
昆 明	18788049	15270971	584192	959893	1972993
西 安	20814796	16357832	1801467	1025950	1629547
兰 州	8464769	7967885	67621	340100	89163
西 宁	2989698	2590493	4832	244653	149720
银 川	7517529	6742043	86491	304114	384881
乌鲁木齐	7160853	6368411	195983	331386	265073

5-15 35个大中城市按用途分的房地产开发企业商品房销售额

单位：万元

地区	商品房销售额	住宅	办公楼	商业营业用房	其他
总计	**792134647**	**690489576**	**39037479**	**42651698**	**19955894**
北京	36568473	31313068	2449509	1729333	1076563
天津	21136116	20009756	209009	676452	240899
石家庄	6476898	6114121	152223	66012	144542
太原	8406828	7583538	171374	367251	284665
呼和浩特	4551823	4230326	8440	288645	24412
沈阳	15714198	14933923	70920	525871	183484
大连	9509129	8492958	188685	685809	141677
长春	9575059	8547089	107997	656183	263790
哈尔滨	7275602	6426746	75240	627556	146060
上海	60469670	52688495	4695738	1985726	1099711
南京	32694980	30557181	696029	985342	456428
杭州	45954860	40392669	2887520	2147285	527386
宁波	30495157	27746630	809381	849580	1089566
合肥	21282934	19804331	663141	509654	305808
福州	25527443	21840093	837528	1788498	1061324
厦门	15213929	12806659	727114	588148	1092008
南昌	19439446	14855994	1168627	3010344	404481
济南	15719460	14065259	535697	698476	420028
青岛	22168506	20108187	849041	678501	532777
郑州	33691661	29788075	1493152	1889905	520529
武汉	37694874	33046215	2150201	1619875	878583
长沙	21962477	18647645	1121651	1723033	470148
广州	38570794	33163272	2370678	2160112	876732
深圳	51645806	42762213	6059772	1836373	987448
南宁	15812101	13672809	425541	828792	884959
海口	7344163	6127895	515827	428938	271503
重庆	50713443	42931808	1280613	4402016	2099006
成都	44707084	37400989	2380729	3774118	1151248
贵阳	11511395	10125766	188340	1059547	137742
昆明	21278152	18649522	643202	1166693	818735
西安	27804356	22480965	2773639	1540509	1009243
兰州	7111629	6598565	96827	367792	48445
西宁	2878350	2550942	4148	252209	71051
银川	5441373	4957472	55196	286874	141831
乌鲁木齐	5786478	5068400	174750	450246	93082

5-16　35个大中城市按用途分的房地产开发企业商品房平均销售价格

单位：元/平方米

地　区	商品房平均销售价格	住　宅	办公楼	商业营业用房	其　他
总　计	**14586**	**15192**	**17925**	**13850**	**5542**
北　京	37665	42684	33454	32399	9726
天　津	16172	16391	11406	15683	9729
石 家 庄	9869	9893	10141	11116	8347
太　原	10759	10815	9670	17414	6890
呼和浩特	11001	11066	8867	10528	7802
沈　阳	11376	11617	9666	12075	4083
大　连	13302	13501	15817	16485	4396
长　春	9081	9128	8091	10231	6508
哈 尔 滨	9467	9460	11942	9788	7785
上　海	33798	36741	46181	23714	6481
南　京	24682	25175	17973	23099	15486
杭　州	27043	27448	24414	24503	24174
宁　波	16411	17657	13366	14030	6577
合　肥	14321	15265	9156	12837	3993
福　州	13520	14376	12390	16937	5422
厦　门	24467	33779	12055	17746	7318
南　昌	10978	10866	9872	13645	6262
济　南	11768	12282	10426	12305	5100
青　岛	13406	14058	13197	14138	4805
郑　州	9834	9845	12590	8381	9249
武　汉	14244	14672	18221	16741	4903
长　沙	9238	9112	11702	11052	5941
广　州	25056	27112	19800	19630	10144
深　圳	56829	56844	55978	66024	48272
南　宁	8605	9200	11951	10797	3702
海　口	15837	16494	16759	18919	7005
重　庆	8255	8917	11998	8477	2986
成　都	12148	13231	10223	12636	3575
贵　阳	9315	9157	9676	12800	4965
昆　明	11325	12212	11010	12154	4150
西　安	13358	13743	15397	15015	6193
兰　州	8401	8281	14319	10814	5433
西　宁	9628	9847	8584	10309	4746
银　川	7238	7353	6382	9433	3685
乌鲁木齐	8081	7959	8917	13587	3512

5-17 35个大中城市按用途分的房地产开发企业房屋出租面积

单位：平方米

地区	房屋出租面积	住宅	办公楼	商业营业用房	其他
总计	**29192395**	**2162248**	**10881468**	**10996911**	**5151768**
北京	3008367	76616	1614656	820258	496837
天津	467064	17557	190911	220018	38578
石家庄	15713			15713	
太原					
呼和浩特	2435			2435	
沈阳	177024	113633	21439	40782	1170
大连	21496		6488	12592	2416
长春	12492			12492	
哈尔滨	97075	5087	6955	54501	30532
上海	20533286	1342711	7758749	7510829	3920997
南京	142133		36943	105190	
杭州	360040		58187	224313	77540
宁波	366013		156208	192979	16826
合肥	143564		62122	4525	76917
福州					
厦门	192638		91905	44176	56557
南昌	26314			26314	
济南	2385			2385	
青岛	614530	24571	147704	371834	70421
郑州	121706	47821	73885		
武汉	47492	5455	21641	20396	
长沙	22550		6733	15817	
广州	311094	38352	72208	174282	26252
深圳	1015005	196649	366644	439185	12527
南宁	131002	67450	6648	32113	24791
海口	19322			19322	
重庆	409078	211050	14174	166571	17283
成都	157624		43682	74709	39233
贵阳	14881			11703	3178
昆明	62281		13035	29408	19838
西安	101460		22403	79057	
兰州					
西宁	12226		2733	9493	
银川	276353	15296	52244	148529	60284
乌鲁木齐	307752		33171	114990	159591

5-18　35个大中城市按用途分的房地产开发企业商品房待售面积

单位：平方米

地　区	待售面积	住　宅	办公楼	商业营业用房	其　他
总　计	**191499656**	**67077459**	**24674777**	**43582277**	**56165143**
北　京	24541585	8818904	5304869	3835483	6582329
天　津	8235994	4376943	1049362	1635381	1174308
石家庄	1214449	648436	335159	60787	170067
太　原	817585	607513	66073	89869	54130
呼和浩特	1903076	933513	139370	586165	244028
沈　阳	3960017	2802503	111460	891327	154727
大　连	5447189	3500258	369739	929738	647454
长　春	5586344	2503318	502922	1729578	850526
哈尔滨	6294524	2975620	244672	1769589	1304643
上　海	25357346	6889385	4502464	4364258	9601239
南　京	2372672	1455673	297706	307745	311548
杭　州	4904979	1182201	1534026	1660913	527839
宁　波	4097781	842058	818678	1306188	1130857
合　肥	2737282	507224	608592	539711	1081755
福　州	3532468	709617	122851	582003	2117997
厦　门	2635236	351701	576370	760359	946806
南　昌	1320479	659474	117288	451789	91928
济　南	1474183	906322	49061	147330	371470
青　岛	5097101	1887269	982445	1694514	532873
郑　州	7580411	4706331	789994	1155218	928868
武　汉	1838501	717066	427516	479040	214879
长　沙	4409610	1457601	536378	1667886	747745
广　州	9768193	3761936	1003379	1654172	3348706
深　圳	3521757	1499509	876559	748544	397145
南　宁	2307260	682581	118499	470666	1035514
海　口	1486230	655618	46536	340445	443631
重　庆	20821026	3903657	760384	5482113	10674872
成　都	10594479	1367410	676653	2633461	5916955
贵　阳	1067543	544048	107686	215278	200531
昆　明	4018653	1126505	347225	1087019	1457904
西　安	1436230	278064	192295	622679	343192
兰　州	834779	303456	23919	396446	110958
西　宁	408022	105836	101760	140655	59771
银　川	6360309	1990406	692911	2257235	1419757
乌鲁木齐	3516363	1419503	239976	888693	968191

5-19 35个大中城市房地产开发企业主要财务指标

单位：万元

地　区	资产总计	负债合计	所有者权益合计	主营业务收入
总　计	**6136019855**	**4849057190**	**1286962666**	**563573239**
北　京	600590065	491491064	109099001	31650847
天　津	332708928	270273187	62435741	20645854
石家庄	51072785	48788606	2284180	3111163
太　原	88008989	76954333	11054656	8236001
呼和浩特	25820140	22669435	3150705	1636851
沈　阳	83139375	66756179	16383196	13609280
大　连	71330204	53184134	18146070	8158825
长　春	54883334	47134728	7748606	6557047
哈尔滨	61711015	44512797	17198218	5748955
上　海	690871188	473083151	217788037	56631609
南　京	191908365	145192049	46716316	22209051
杭　州	295450869	227358419	68092450	36895880
宁　波	131997431	105538220	26459211	20197008
合　肥	108714710	83697636	25017074	15837613
福　州	139719483	111002935	28716549	13629105
厦　门	95659425	63453487	32205939	5345675
南　昌	81635348	63098251	18537097	10579121
济　南	136803356	113253495	23549861	12913966
青　岛	174521988	139273801	35248186	17069411
郑　州	231147649	200534424	30613225	19032158
武　汉	275246987	215980794	59266193	24135242
长　沙	110159032	94510363	15648668	12802741
广　州	482899149	389853644	93045505	28299738
深　圳	328561696	243094327	85467370	35579452
南　宁	82097178	69994072	12103106	9114109
海　口	52216961	41621638	10595323	4825307
重　庆	358947558	277853123	81094435	40678075
成　都	233865886	190643043	43222843	28508115
贵　阳	100048879	80735041	19313838	6776910
昆　明	165209750	137143607	28066143	13837389
西　安	157681748	138393446	19288303	16290713
兰　州	51633552	45352755	6280796	3161320
西　宁	16271552	14756334	1515218	1671444
银　川	26894170	23383433	3510736	3767363
乌鲁木齐	46591114	38491241	8099873	4429904

5-19　续表 1　　　　单位：万元

地　　区	土地转让收入	商品房销售收入	自持物业收入		其他收入
				房屋出租收入	
总　　计	**4199052**	**520403785**	**15535135**	**11907303**	**23435267**
北　　京	592598	24086894	1696484	1494286	5274871
天　　津	475957	19116163	344896	269461	708837
石 家 庄	3657	3003242	18298	18068	85967
太　　原	18754	7364622	82846	51128	769780
呼和浩特	4	1609323	14177	14177	13347
沈　　阳	1567	13355327	64799	52695	187588
大　　连	235700	7705583	97206	68186	120336
长　　春	21096	6407285	88878	82659	39790
哈 尔 滨	22184	5550249	44356	43249	132167
上　　海	379236	49054005	5098037	4153186	2100332
南　　京	301959	21126254	185698	145366	595140
杭　　州	72168	35879930	519800	382385	423982
宁　　波	99852	19232384	146018	121851	718754
合　　肥	11985	15394881	127694	72761	303054
福　　州	410	12940858	260570	62446	427268
厦　　门	4174	4701870	210644	152596	428987
南　　昌	13851	10296500	75473	50125	193297
济　　南	344311	11962713	162477	110567	444464
青　　岛	168011	16385509	197389	139567	318503
郑　　州	291617	16444339	383660	209478	1912542
武　　汉	252620	22635577	273061	177966	973983
长　　沙	37337	12007421	139906	113644	618076
广　　州	11390	25402311	1525839	987782	1360198
深　　圳	3316	32578247	1889991	1467907	1107898
南　　宁	286	8851690	141377	109942	120756
海　　口	34349	4581202	18945	16515	190811
重　　庆	482067	38628856	627361	483600	939791
成　　都	57874	27592289	373140	268640	484813
贵　　阳	204304	5942344	85656	79497	544606
昆　　明	42652	12947842	336183	232893	510712
西　　安	33	15161211	110480	91133	1018988
兰　　州	5625	3004583	57492	53567	93621
西　　宁	6496	1596587	18435	18100	49925
银　　川	191	3657680	47504	44198	61989
乌鲁木齐	1422	4198017	70369	67683	160097

5-19 续表 2 单位：万元

地区	主营业务成本	税金及附加	其他业务利润	销售费用
总 计	**401584937**	**38838842**	**1636629**	**26325370**
北 京	24269903	2225614	262734	1258666
天 津	16676073	1052042	80650	1157116
石家庄	2306193	273815	2110	364617
太 原	6177830	355171	14938	374087
呼和浩特	1074193	187262	4223	125974
沈 阳	9593021	910655	-1665	576950
大 连	6230854	394767	-7989	331738
长 春	4841778	261755	15193	325380
哈尔滨	3912906	449048	-14906	274878
上 海	35875059	5020213	187452	1795826
南 京	17586572	996837	11112	789113
杭 州	28621762	1747127	75278	1624750
宁 波	15074967	1204785	23756	877357
合 肥	12479576	433545	62556	593566
福 州	9926032	705048	-9009	564926
厦 门	3332086	883708	44917	246269
南 昌	7631785	476102	33699	487457
济 南	9449659	977328	2022	642797
青 岛	11976428	1370275	115179	841113
郑 州	13919320	806306	35147	1067333
武 汉	16926543	1660037	68876	956215
长 沙	9547303	904241	38420	790955
广 州	16705412	2831376	53810	1464558
深 圳	18712855	5051249	21117	1273224
南 宁	7024047	378907	24968	462863
海 口	2978002	729074	-9989	410074
重 庆	30926651	1436001	265214	2037912
成 都	20455235	2062864	143331	1534293
贵 阳	5089622	506097	17256	714811
昆 明	9997601	1023646	5715	851837
西 安	11887465	943396	28310	725816
兰 州	2616418	120839	9418	225125
西 宁	1398970	55539	11844	69502
银 川	3005473	146532	5894	152506
乌鲁木齐	3357345	257643	15048	335766

5-19　续表 3　　　　单位：万元

地　区	管理费用	财务费用	营业利润	营业外收入
总　计	**23454851**	**21252114**	**86215296**	**3761089**
北　京	1829198	2390488	2145954	266626
天　津	905316	1174734	-194763	86223
石家庄	241933	120963	106882	5575
太　原	278371	238593	919926	12534
呼和浩特	130931	61089	65527	6707
沈　阳	339367	139087	2152883	39988
大　连	267689	403548	701789	34445
长　春	265753	236920	718291	23083
哈尔滨	277866	252581	548067	26352
上　海	2590327	3424736	12820892	724370
南　京	602928	307770	3119191	45154
杭　州	1554503	663169	5244902	129046
宁　波	676566	314497	3038843	68826
合　肥	438662	202911	1654413	84754
福　州	480257	352406	2181807	48701
厦　门	291540	422490	1407214	41879
南　昌	251444	275516	2058544	33293
济　南	416266	209649	1826372	29564
青　岛	820329	535506	3070271	122729
郑　州	947567	925045	1832401	97505
武　汉	821842	751260	4083742	49458
长　沙	600364	300867	1293608	245158
广　州	1628399	1933820	10352748	419643
深　圳	1467818	1731434	8018868	276494
南　宁	387365	124572	796202	56136
海　口	270551	191275	701701	15619
重　庆	1269094	987365	6257970	317273
成　都	1102018	606536	4576480	74289
贵　阳	348444	143796	465188	35866
昆　明	584794	1180870	1147824	64380
西　安	666984	276526	2271207	225059
兰　州	213794	153883	25124	19677
西　宁	72743	20720	104074	4236
银　川	167855	73639	336671	15261
乌鲁木齐	245976	123857	364485	15188

5-19 续表 4

单位：万元

地区	营业外支出	利润总额	所得税费用	应付职工薪酬
总计	**4182411**	**85423710**	**22268605**	**17808961**
北京	234047	2177372	971105	1503314
天津	183017	-299426	434695	724238
石家庄	36501	31545	138265	165796
太原	47349	891182	310177	247266
呼和浩特	13128	73565	56003	81316
沈阳	57322	2140802	544674	284983
大连	74787	660713	270475	174642
长春	53509	693891	250777	186984
哈尔滨	36388	532955	243482	137451
上海	444904	13089275	3134400	1642056
南京	103037	3053341	834478	494340
杭州	206256	5191168	1193763	865347
宁波	60055	3045653	654132	465040
合肥	56032	1589041	419809	335959
福州	49628	2177327	336996	412623
厦门	68131	1379366	240806	269121
南昌	30798	2064032	290498	238953
济南	117200	1709071	460159	365930
青岛	92794	3079782	738351	547349
郑州	134883	1762617	481490	658037
武汉	106792	4003366	955707	741778
长沙	184930	1336815	721806	485314
广州	248354	10525353	1760412	1236269
深圳	272352	8011348	2202215	1074103
南宁	59663	794822	379599	328882
海口	90332	598483	159004	162918
重庆	289278	6257837	1143265	1289661
成都	178055	4444726	1219891	857758
贵阳	100275	386774	161888	306785
昆明	112842	1096411	635259	457478
西安	165696	2327719	630400	566650
兰州	57308	-22563	35053	171889
西宁	17318	90246	35110	57347
银川	150088	201843	80171	110864
乌鲁木齐	49365	327259	144288	160521

附　　录

主要统计指标解释

主要统计指标解释

一、房地产开发企业财务指标

1.资产总计：指企业过去的交易或者事项形成的、由企业拥有或者控制的、预期会给企业带来经济利益的资源。资产一般按流动性分为流动资产和非流动资产。其中流动资产可分为货币资金、交易性金融资产、应收票据、应收账款、预付款项、其他应收款、存货等；非流动资产可分为长期股权投资、固定资产、无形资产及其他非流动资产等。根据会计“资产负债表”中“资产总计”项目的期末余额数填报。

2.负债合计：指企业过去的交易或者事项形成的，预期会导致经济利益流出企业的现时义务。负债一般按偿还期长短分为流动负债和非流动负债。根据会计“资产负债表”中“负债合计”项目的期末余额数填报。

3.所有者权益合计：指企业资产扣除负债后由所有者享有的剩余权益。公司的所有者权益又称股东权益。包括实收资本、资本公积、盈余公积、未分配利润等。根据会计“资产负债表”中“所有者权益合计”项目的期末余额数填报。

4.主营业务收入：指企业确认的销售商品、提供劳务等主营业务的收入。根据会计“主营业务收入”科目的本年各月贷方余额（结转前）之和填报。如未设置该科目，以“营业收入”代替填报。

（1）土地转让收入：指房地产开发企业按国家规定在报告期转让已经开发的土地和未经开发的土地所得到的收入。根据会计“利润表”和相关核算资料计算填报。

（2）商品房销售收入：指房地产开发企业在报告期售出商品房的收入，一次收款的，一次性全部计入销售收入，按合同规定分期收款的，可按合同规定的时间分次计入收入。根据会计“利润表”和相关核算资料计算填报。

（3）自持物业收入：指房地产开发企业在报告期内，对自持房屋以出租、作为服务业活动场所等不改变财产所有权方式进行经营所得到的收入。根据会计“利润表”和相关核算资料计算填报。

（4）房屋出租收入：指房地产开发企业在报告期内，在不改变现有财产所有权关系的条件下，将企业的全部或部分房屋出租给其他单位或个人使用所得到的租金收入。根据会计“利润表”和相关核算资料计算填报。

（5）其他（主营业务）收入：指房地产开发企业在报告期内从事除以上收入外的其他业务活动所得到的收入，包括配套设施销售收入、代建工程结算收入等。根据会计“利润表”和相关核算资料计算填报。

5.主营业务成本：指企业经营主要业务和其他业务所发生的成本总额。根据会计“主营业务成本”科目的本年各月借方余额（结转前）填报。如未设置该科目，以“营业成本”代替填报。

6.销售费用：指企业在销售商品和材料、提供劳务的过程中发生的各种费用，包括保险费、包装费、展览费和广告费、商品维修费、预计产品质量保证损失、运输费、装卸费等以及为销售本企业商品而专设的销售机构（含销售网点、售后服务网点等）的职工薪酬、业务费、折旧费等经营费用。建筑业企业销售费用指企业从事施工生产活动过程中发生的各项费用，包括应由企业负担的运输费、装卸费、包装费、保险费、维修费、展览费、差旅费、广告费和其他经费。房地产企业销售费用指企业在从事主要经营业务过程中所发生的各项销售费用，包括转让、销售、结算和出租开发产品等。执行企业会计准则或《小企业会计准则》的企业,根据会计“利润表”中“销售费用”项目的本年累计数填报。执行其他企业会计制度的企业，根据会计“利润表”中“营业费用（或经营费用）”项目的本年累计数填报。

7.税金及附加：指企业经营主要业务应负担的消费税、城市维护建设税、资源税、教育费附加及房产税、土地使用税、车船使用税、印花税等相关税费。根据会计“主营业务税金及附加”科目的本年各月借方余额（结转前）之和填报。如未设置该科目，以“税金及附加”代替填报。指企业因从事生产经营活动按税法规定应缴纳的消费税、城市维护建设税、资源税、环境保护税、教育费附加及房产税、土地使用税、车船使用税、印花税等相关税费。根据会计“利润表”中“税金及附加”项目的本年累计数填报。

8.管理费用：指企业为组织和管理企业生产经营所发生的费用，包括企业在筹建期间内发生的开办费、董事会和行政管理部门在企业经营管理中发生的，或者应当由企业统一负担的公司经费等。根据会计“利润表”中“管理费用”项目的本年累计数填报。

9.财务费用：指企业为筹集生产经营所需资金等而发生的筹资费用，包括企业生产经营期间发生的利息支出（减利息收入）、汇兑损失（减汇兑收益）以及相关的手续费等。根据会计“利润表”中“财务费用”项目的本年累计数填报。

10.营业利润：指企业从事生产经营活动所取得的利润。执行企业会计准则或《小企业会计准则》的企业，营业利润为营业收入减去营业成本、税金及附加、销售费用、管理费用、财务费用、资产减值损失，再加上公允价值变动收益、投资收益和其他收益后的金额，根据会计“利润表”中“营业利润”项目的本年累计数填报；执行其他企业会计制度的企业，营业利润为营业收入减去营业成本、税金及附加、销售费用、管理费用、财务费用，再加上投资收益后的金额，根据会计“损益表”中“营业利润”项目、“投资收益”项目的本年累计数之和填报。

11.营业外收入：指企业发生的与经营业务无直接关系的各项收入，包括非流动资产处置利得、非货币性资产交换利得、债务重组利得、政府补助、盘盈利得、捐赠利得等。执行企业会计准则或《小企业会计准则》的企业，根据会计“利润表”中“营业外收入”项目的本年累计数填报；执行其他企业会计制度的企业， 根据会计“损益表”中“营业外收入”项目、“补贴收入”项目的本年累计数之和填报。

12.营业外支出：指企业发生的与经营业务无直接关系的各项支出，包括非流动资产处置损失、非货币性资产交换损失、债务重组损失、公益性捐赠支出、非常损失、盘亏损失等。根据会计“利润表”中“营业外支出”项目的本年累计数填报。

13.利润总额：指企业在一定会计期间的经营成果，是生产经营过程中各种收入扣除各种耗费后的盈余，反映企业在报告期内实现的盈亏总额。根据会计“利润表”中“利润总额”项目的本期金额数填报。利润总额为营业利润加上营业外收入，减去营业外支出后的金额，根据会计“利润表”中“利润总额”项目的本年累计数填报。

14. 所得税费用：所得税费用由两部分组成，当期所得税和递延所得税。当期所得税是指企业按照税法规定计算确定的针对当期发生的交易和事项，应交纳给税务部门的所得税金额，即应交所得税。递延所得税是指按照所得税准则规定应予确认的递延所得税资产和递延所得税负债应有的金额相对于原已确认金额之间的差异。执行企业会计准则或《小企业会计准则》的企业，根据会计“利润表”中“所得税费用”项目的本年累计数填报；执行其他企业会计制度的企业，根据会计“损益表”中“所得税”项目的本年累计数填报。

二、房地产开发投资指标

1.计划总投资：指房地产开发企业在建的建设工程按照总体设计（或按设计概算或预算）规定的内容全部建成计划需要的总投资。

2.自开始建设累计完成投资：指房地产开发企业在建的房屋建设工程或正在开发的土地开发工程从开始建设到本期止累计完成的全部投资。其计算范围原则上应与“计划总投资”指标包括的工程内容相一致。

报告期以前已建成投产或停、缓建工程完成的投资以及拆除、报废工程的投资，仍应包括在内。但转出的“在建工程”累计投资应予以扣除，转入的“在建工程”以前年度完成的投资应当包括。

3.完成投资：指各种登记注册类型的房地产开发法人单位统一开发的住宅、厂房、仓库、饭店、宾馆、度假村、写字楼、办公楼等房屋建筑物，配套的服务设施，土地开发工程（如道路、给水、排水、供电、供热、通讯、平整场地等基础设施工程）和土地购置的投资；不包括单纯的土地开发和交易活动。

4.建筑工程：指各种房屋、建筑物的建造工程，又称建筑工作量。这部分投资额必须兴工动料，通过施工活动才能实现。依据会计报表“房屋开发成本”科目下的“建筑安装工程费”填报；未设置该科目的，根据“房屋开发成本”下的相关明细分析计算填报。也可以根据工程建设、施工、监理等共同认定的工程结算单或进度单、工程付款等相关凭证填报。

5.安装工程：指各种设备、装置的安装工程，又称安装工作量。依据会计报表“房屋开发成本”科目下的“建筑安装工程费”填报；未设置该科目的，根据“房屋开发成本”下的相关明细分析计算填报。

6.设备工器具购置：指报告期内购置或自制的，达到固定资产标准的设备、工具、器具的价值。需要安装的设备应在设备安装到位后依据会计报表“房屋开发成本”科目下的“设备款”填报，未设置该科目的根据“房屋开发成本”下的相关明细分析计算填报；也可以根据相关凭证填报。不需要安装的设备应在设备运抵现场并验收合格后依据会计报表“房屋开发成本”科目下的“设备款”填报，未设置该科目的根据“房屋开发成本”下的相关明细分析计算填报；也可以根据相关凭证填报。

（1）设备：指各种动力设备、传导设备、运输设备等。分为需要安装的设备和不需要安装的设备两种。

需要安装的设备：是指必须将其整体或几个部位装配起来，安装在基础上或建筑物支架上才能使用的设备。如发电机、蒸汽锅炉、变压器、塔、换热器、各种泵等。

不需要安装的设备：指不必固定在一定位置或支架上就可以使用的各种设备，如叉车、汽车、机车等。

（2）工具、器具：是指具有独立用途的各种生产用具、工作工具和仪器。如维修用的切削工具、铆焊工具等，以及达到固定资产标准的包装容器等。

7.其他费用：指在固定资产建造和购置过程中发生的，除建筑安装工程和设备、工器具购置投资完成额以外的费用，不指经营中财务上的其他费用。包括土地出让金、大市政费、四源费（煤、热、自来水、污水）、不可预见费、旧房屋购置，基本畜禽支出，林木支出，退耕退牧还林还草、土壤改良、城市绿化，办公生活用家具、器具购置，建设单位管理费，土地征用、购置及迁移补偿费，政府收费，勘察设计费，研究实验费，可行性研究费，临时设施费，施工机械转移费，设备检验费，负荷联合试车费，土地占用、使用费，建设期应付利息，企业债券发行费，合同公证费及工程质量监测费，国外借款手续费及承诺费，汇兑损益，坏账损失，固定资产亏损及损失等。依据会计报表“房屋开发成本”科目下的 “土地出让金”、“开发间接费”等填报；未设置该科目的，根据“房屋开发成本”下的相关明细分析计算填报。如果无法依据会计报表，根据相关支付凭证填报。

8.土地购置费：指房地产开发企业通过各种方式取得土地使用权而支付的费用。土地购置费包括：（1）通过划拨方式取得的土地使用权所支付的土地补偿费、附着物和青苗补偿费、安置补偿费及土地征收管理费等；（2）通过“招、拍、挂”等出让方式取得土地使用权所支付的资金。以划拨方式取得土地所支付的资金在房地产项目竣工后计入新增固定资产，以出让方式取得土地所有权所支付的出让金不计入新增固定资产。土地购置费按实际发生额填报，分期付款的应分期计入。项目分期开发的，只计入与本期项目有关的土地购置费。前期支付的土地购置费，项目纳入统计后计入。

9.投资额按工程用途分组：

（1）住宅：指专供居住的房屋，包括别墅、公寓、职工家属宿舍和集体宿舍（包括职工单身宿舍和学生宿舍）等。但不包括住宅楼中作为人防用、不住人的地下室等。

①90 平方米及以下住房：指在房地产开发企业投资建设的商品住宅中，套型建筑面积不超过 90 平方米（包括 90 平方米）的住房。套型建筑面积是指单套住房的建筑面积，由套内建筑面积和分摊的共有建筑面积组成。现房应以商品房销售合同中实际测绘的建筑面积为统计标准，期房根据商品房预售合同中规划设计面积进行统计，待住宅竣工交付使用后，应根据实际测绘面积进行相应调整。

②144 平方米以上住房：指在房地产开发企业投资建设的商品住宅中，套型建筑面积超过 144 平方米（不包括 144 平方米）的住房。现房应以商品房销售合同中实际测绘的建筑面积为统计标准，期房根据商品房预售合同中规划设计面积进行统计，待住宅竣工交付使用后，应根据实际测绘面积进行相应调整。

（2）办公楼：指企业、事业、机关、团体、学校、医院等单位使用的各类办公用房（又称写字楼）。

（3）商业营业用房：指商业、粮食、供销、饮食服务业等部门对外营业的用房，如度假村、饭店、商店、门市部、粮店、书店、供销店、饮食店、菜店、加油站、日杂等房屋。

（4）其他：凡不属于上述各项用途的房屋建筑物，如中小学教学用房、托儿所、幼儿园、图书馆、体育馆等。

10.本年新增固定资产：指在报告期已经完成建造和开发过程并交付使用的房屋和土地开发面积的价值。指房地产开发公司进行开发经营活动的最终成果，即为社会提供的固定资产，而且是在报告期内新增加的。不是反映房地产开发企业本身固定资产的增加。

11.待开发土地面积：指经有关部门批准，通过各种方式获得土地使用权，但尚未开工建设的土地面积。

12.本年土地购置面积：指在本年内通过各种方式获得土地使用权的土地面积。

13.本年土地成交价款：指进行土地使用权交易活动的最终金额。在土地一级市场，是指土地最后的划拨款、“招拍挂”价格和出让价；在土地二级市场是指土地转让、出租、抵押等最后确定的合同价格。土地成交价款与土地购置面积同口径，可以计算土地的平均购置价格。

14.资金来源

（1）本年实际到位资金合计：指房地产开发企业在本年内收到的可用于房地产开发的各种资金来源数之和，包括上年末结余资金、本年度内拨入、借入或以各种方式筹集的资金。

（2）上年末结余资金：指上年资金来源中没有形成投资额而结余的资金。包括尚未用到工程中的材料价值、未开始安装的需要安装设备价值及结存的现金和银行存款、新开工项目以前年度支付的土地款等。可根据有关财务数字填报。上年末结余资金不能出现负数，即不能把上年应付工程、材料款作为上年末结余资金的负数来处理。

（3）**本年实际到位资金**：指房地产开发企业实际拨入的，用于房地产开发的各种货币资金。包括国内贷款、利用外资、自筹资金、定金及预收款、个人按揭贷款和其他资金。

①国内贷款：指报告期内房地产开发企业向银行及非银行金融机构借入的，用于房地产开发的各种国内借款，包括银行利用自有资金及吸收存款发放的贷款、上级拨入的国内贷款、国家专项贷款，地方财政专项资金安排的贷款、国内储备贷款、周转贷款等。

银行贷款：指报告期内房地产开发企业向各商业银行、政策性银行借入的，用于房地产开发的各项贷款。

非银行金融机构贷款：指向除上述银行之外从事金融业务的机构借入的，用于房地产开发的各项贷款。非银行金融机构包括城市信用社、农村信用社、保险公司、金融信托投资公司、证券公司、财务公司、金融租赁公司、融资公司（中心）等。

②利用外资：指报告期内收到的，用于房地产开发的境外（包括外国及港澳台地区）资金（包括设备、材料、技术在内）。包括对外借款（外国政府贷款、国际金融组织贷款、出口信贷、外国银行商业贷款、对外发行债券和股票）、外商直接投资、外商其他投资（包括补偿贸易、加工装配由外商提供的设备价款、国际租赁，外商投资收益的再投资资金）。不包括我国自有外汇资金（包括国家外汇、地方外汇、留成外汇、调剂外汇和中国银行自有资金发行的外汇贷款等）。各类外资按报告期的外汇牌价（中间价）折成人民币计算。

③自筹资金：指房地产开发企业筹集的，用于房地产开发的资金。

④定金及预收款：定金是为使甲乙双方按约定签订正式经济合同，实现房屋交易，根据有关规定由购房者或单位在报告期交纳的押金。预收款是甲乙双方签订购销房屋合同后，在报告期由购房者或单位交付的首付款及各种手续费（包括其中的外汇）。

⑤个人按揭贷款：是指按照中国人民银行（《个人住房贷款管理办法》，银发[1998]190 号）中规定，贷款人（商业银行）向借款人发放的采用分期偿还方式用于购买自用普通住房的贷款。具体指具有完全民事行为能力的自然人，购买商品房时以其购买的产权住房（或银行认可的其他担保方式）为抵押，作为偿还贷款的保证而向银行申请的住房商业性贷款。从 1999 年 2 月开始，个人住房贷款可扩大到借款人自用的各类型住房贷款（《关于开展个人消费信贷的指导意见》，银发[1999]73 号）。

⑥其他到位资金：指在报告期收到的除以上各种资金之外其他用于房地产开发的资金。包括国家预算内资金、债券、社会集资、个人资金、无偿捐赠的资金及用征地迁移补偿费、移民费等进行房地产开发的资金。

15.本年各项应付款合计：指在房地产开发过程中应付未付的投资款。包括应付工程款、应付器材款、应付工资、应付有偿调入器材及工程款、其他应付款、应交税金、应交基建收入、应交投资包干结余、应交能源交通建设基金、应交预算调节基金及其他应交款。各项应付款填报本报告期实际增加数（或发生数），不是填报开始建设以来的累计数。

三、房地产开发企业施工和销售指标

1.房屋施工面积：指报告期内施工的全部房屋建筑面积。包括本期新开工的房屋建筑面积、上期跨入本期继续施工的房屋建筑面积、上期停缓建在本期恢复施工的房屋建筑面积、本期竣工的房屋建筑面积以及本期施工后又停缓建的房屋建筑面积。多层建筑应填各层建筑面积之和。

2.房屋新开工面积：指报告期内新开工建设的房屋建筑面积，以单位工程为核算对象，即整栋房屋的全部建筑面积，不能分割计算。不包括在上期开工跨入报告期继续施工的房屋建筑面积和上期停缓建而在本期恢复施工的房屋建筑面积。房屋的开工应以房屋正式开始破土刨槽（地基处理或打永久桩）的日期为准。

3.房屋竣工面积：指报告期内房屋建筑按照设计要求已全部完工，达到住人和使用条件，经验收鉴定合格或达到竣工验收标准，可正式移交使用的各栋房屋建筑面积的总和。

4.不可销售面积：指报告期房地产公司竣工的用于拆迁还建的房屋面积；接受委托、定向开发建设，并收取一定的管理费所建设的统建代建房屋竣工面积；竣工的学校、幼儿园、派出所、居委会、商店等公益设施建筑面积。

5.住宅竣工套数：指报告期内按照设计要求已全部完工，经验收合格，达到住人或使用条件的正式交给开发公司的成套住宅数量（以设计图纸为准）。

6.房屋竣工价值：指报告期内按规定已经上报竣工的房屋本身的建造价值。一般按房屋设计和预算规定的内容计算。包括竣工房屋本身的基础、结构、屋面、装修以及水、电、卫等附属工程的建筑价值，也包括作为房屋建筑组成部分而列入房屋建筑工程预算内的设备（如电梯、通风设备等）的购置和安装费用；不包括厂房内的工艺设备、工艺管线的购置和安装，工艺设备基础的建造；室外的水、暖、电、卫、道路工程、挡土墙等环境工程的费用，办公和生活用家具的购置等费用；购置土地的费用；迁移补偿费和场地平整的费用及城市建设配套投资。

房屋竣工价值不仅包括该竣工房屋在报告期内完成的价值，也包括跨年施工的房屋在本期以前完成的价值。未竣工而转让给其他单位的房屋建筑工程，出让单位不计算竣工价值，待接受单位继续施工并符合竣工条件后，由接受单位计算其竣工价值，包括出让单位在出让前所完成的价值。房屋竣工价值一般按结算价格（或中标价）计算。

7.房屋出租面积：指在报告期期末房屋开发单位出租的商品房屋的全部面积。

8.商品房销售面积：指报告期内出售商品房屋的合同总面积（即双方签署的正式买卖合同中所确定的建筑面积）。由现房销售面积和期房销售面积两部分组成。

（1）现房销售面积：指在报告期内正式签订买卖合同、已经竣工达到入住条件的商品房屋建筑面积。包括以一次性付款方式和分期付款方式销售的现房建筑面积。

（2）期房销售面积：指在报告期内正式签订买卖合同、正在建设尚未竣工交付使用的商品房屋建筑面积。包括以一次性付款方式和分期付款方式销售的商品房屋建筑面积。期房销售建筑面积竣工后不再结转为现房销售建筑面积。

9.商品房销售额：指报告期内出售商品房屋的合同总价款（即双方签署的正式买卖合同中所确定的合同总价）。该指标与商品房销售面积同口径，由现房销售额和期房销售额两部分组成。

（1）现房销售额：指报告期内销售的已竣工商品房屋的合同总价款。包括现房销售前期预收的定金、预收款、首付款及全部按揭贷款的本金等款项。该指标与现房销售面积同口径。

（2）期房销售额：指报告期内销售的正在建设尚未竣工的商品房屋的合同总价款。包括预售房屋前期预收的定金、预收款、首付款及全部按揭贷款的本金等项。该指标与期房销售面积同口径。

10.商品住宅销售套数：指报告期内出售商品房屋合同中总的成套住宅数量（即双方签署的正式买卖合同中所确定的成套住宅数量）。由现房销售套数和期房销售套数两部分组成。

（1）现房销售套数：指报告期内销售的已竣工商品房屋合同中总的成套住宅数量。

（2）期房销售套数：指报告期内销售的正在建设尚未竣工的商品房屋合同中总的成套住宅数量。

11.待售面积：指报告期末已竣工的可供销售或出租的商品房屋建筑面积中，尚未销售或出租的商品房屋建筑面积，包括以前年度竣工和本期竣工的房屋面积，但不包括报告期已竣工的拆迁还建、统建代建、公共配套建筑、房地产公司自用及周转房等不可销售或出租的房屋面积。按照商品房待售时间的长短可以划分为待售一年以下、待售一年到三年（含一年）和待售三年以上（含三年）。

四、主要分组指标

1.登记注册类型：企业法人的登记注册类型，依据在工商行政管理机关登记注册的类型填写。

机关、事业单位和社会团体及其他组织的登记注册类型，依据主要经费来源和管理方式，根据实际情况，比照《关于划分企业登记注册类型的规定》确定。工商行政管理部门对企业（单位）登记注册的类型分为以下几种：

（1）国有企业：指企业全部资产归国家所有，并按《中华人民共和国企业法人登记管理条例》规定登记注册的非公司制的经济组织。不包括有限责任公司中的国有独资公司。

（2）集体企业：指企业资产归集体所有，并按《中华人民共和国企业法人登记管理条例》规定登记注册的经济组织。

（3）股份合作企业：指以合作制为基础，由企业职工共同出资入股，吸收一定比例的社会资产投资组建，实行自主经营，自负盈亏，共同劳动，民主管理，按劳分配与按股分红相结合的一种集体经济组织。

（4）联营企业：指两个及两个以上相同或不同所有制性质的企业法人或事业单位法人，按自愿、平等、互利的原则，共同投资组成的经济组织。联营企业包括国有联营企业、集体联营企业、国有与集体联营企业和其他联营企业。

国有联营企业：指所有联营单位均为国有。

集体联营企业：指所有联营单位均为集体。

国有与集体联营企业：指联营单位既有国有也有集体。

其他联营企业：指上述三种联营企业之外的其他联营形式的企业。

（5）有限责任公司：指根据《中华人民共和国公司登记管理条例》规定登记注册，由两个以上，五十个以下的股东共同出资，每个股东以其所认缴的出资额对公司承担有限责任，公司以其全部资产对其债务承担责任的经济组织。有限责任公司包括国有独资公司以及其他有限责任公司。

国有独资公司：指国家授权的投资机构或者国家授权的部门单独投资设立的有限责任公司。

其他有限责任公司：指国有独资公司以外的其他有限责任公司。

（6）股份有限公司：指根据《中华人民共和国公司登记管理条例》规定登记注册，其全部注册资本由等额股份构成并通过发行股票筹集资本，股东以其认购的股份对公司承担有限责任，公司以其全部资产对其债务承担责任的经济组织。

（7）私营企业：指由自然人投资设立或由自然人控股，以雇佣劳动为基础的营利性经济组织。包括按照《公司法》、《合伙企业法》以及《个人独资企业法》规定登记注册的私营独资企业、私营合伙企业、私营有限责任公司、私营股份有限公司和个人独资企业。

私营独资企业：由一名自然人投资经营，以雇佣劳动为基础，投资者对企业债务承担无限责任的企业。

私营合伙企业：由两个以上自然人按照协议共同投资、共同经营、共负盈亏，以雇佣劳动为基础，对债务承担无限责任的企业。

私营有限责任公司：由两个以上自然人投资或由单个自然人控股的有限责任公司。

私营股份有限公司：由五个以上自然人投资，或由单个自然人控股的股份有限公司。

个人独资企业：由一个自然人投资，财产为投资人个人所有，投资人以其个人财产对企业债务承担无限责任的经营实体。个人独资企业填表时归入私营独资企业。

（8）其他内资企业：指上述第（1）条至第（7）条之外的其他内资经济组织。

（9）与港澳台商合资经营企业：指港澳台地区投资者与内地的企业依照《中华人民共和国中外合资经营企业法》及有关法律的规定，按合同规定的比例投资设立，分享利润和分担风险的企业。

（10）与港澳台商合作经营企业：指港澳台地区投资者与内地企业依照《中华人民共和国中外合作经营企业法》及有关法律的规定，依照合作合同的约定进行投资或提供条件设立，分配利润、分担风险和亏损的企业。

（11）港澳台商独资经营企业：指依照《中华人民共和国外资企业法》及有关法律的规定，在内地由港澳台地区投资者全额投资设立的企业。

（12）港澳台商投资股份有限公司：指根据国家有关规定，经商务部（原外经贸部）批准设立，并且其中港、澳、台商的股本占公司注册资本的比例达25%以上的股份有限公司。凡其中港、澳、台商的股本占公司注册资本的比例小于25%的，属于内资中的股份有限公司。

（13）其他港、澳、台商投资企业：指在中国境内参照《外国企业或个人在中国境内设立合伙企业管理办法》和《外商投资合伙企业登记管理规定》，依法设立的港、澳、台商投资合伙企业。

（14）中外合资经营企业：指外国企业或外国人与中国内地企业依照《中华人民共和国中外合资经营企业法》及有关法律的规定，按合同规定的比例投资设立，分享利润和分担风险的企业。

（15）中外合作经营企业：指外国企业或外国人与中国内地企业依照《中华人民共和国中外合作经营企业法》及有关法律的规定，依照合作合同的约定进行投资或提供条件设立，分配利润、分担风险和亏损的企业。

（16）外资企业：指依照《中华人民共和国外资企业法》及有关法律的规定，在中国内地由外国投资者全额投资设立的企业。

（17）外商投资股份有限公司：指根据国家有关规定，经商务部（原外经贸部）批准设立，并且其中外资的股本占公司注册资本的比例达25%以上的股份有限公司。凡其中外资股本占公司注册资本的比例小于25%的，属于内资中的股份有限公司。

（18）其他外商投资企业：指在中国境内依照《外国企业或个人在中国境内设立合伙企业管理办法》和《外商投资合伙企业登记管理规定》，依法设立的外商投资合伙企业。

2. 企业控股情况：根据企业实收资本中某种经济成分的出资人的实际投资情况，或出资人对企业资产的实际控制、支配程度进行分类。具体分为国有控股、集体控股、私人控股、港澳台商控股、外商控股和其他六类。

（1）国有控股：包括：

①在企业的全部实收资本中，国有经济成分的出资人拥有的实收资本（股本）所占企业全部实收资本（股本）的比例大于50%的国有绝对控股。

②在企业的全部实收资本中，国有经济成分的出资人拥有的实收资本（股本）所占比例虽未大于50%，但相对大于其他任何一方经济成分的出资人所占比例的国有相对控股；或者虽不大于其他经济成分，但根据协议规定拥有企业实际控制权的国有协议控股。

③投资双方各占 50%，且未明确由谁绝对控股的企业，若其中一方为国有经济成分的，一律按国有控股处理。

（2）集体控股：包括：

①在企业的全部实收资本中，集体经济成分的出资人拥有的实收资本（股本）所占企业全部实收资本（股本）的比例大于 50%的集体绝对控股。

②在企业的全部实收资本中，集体经济成分的出资人拥有的实收资本（股本）所占比例虽未大于 50%，但相对大于其他任何一方经济成分的出资人所占比例的集体相对控股；或者虽不大于其他经济成分，但根据协议规定拥有企业实际控制权的集体协议控股。

（3）私人控股：包括：

①在企业的全部实收资本中，私人经济成分的出资人拥有的实收资本（股本）所占企业全部实收资本（股本）的比例大于 50%的私人绝对控股。

②在企业的全部实收资本中，私人经济成分的出资人拥有的实收资本（股本）所占比例虽未大于 50%，但相对大于其他任何一方经济成分的出资人所占比例的私人相对控股；或者虽不大于其他经济成分，但根据协议规定拥有企业实际控制权的私人协议控股。

（4）港澳台商控股：包括：

①在企业的全部实收资本中，港澳台商经济成分的出资人拥有的实收资本（股本）所占企业全部实收资本（股本）的比例大于 50%的港澳台商绝对控股。

②在企业的全部实收资本中，港澳台商经济成分的出资人拥有的实收资本（股本）所占比例虽未大于50%，但相对大于其他任何一方经济成分的出资人所占比例的港澳台商相对控股；或者虽不大于其他经济成分，但根据协议规定拥有企业实际控制权的港澳台商协议控股。

（5）外商控股：包括：

①在企业的全部实收资本中，外商经济成分的出资人拥有的实收资本（股本）所占企业全部实收资本（股本）的比例大于 50%的外商绝对控股。

②在企业的全部实收资本中，外商经济成分的出资人拥有的实收资本（股本）所占比例虽未大于 50%，但相对大于其他任何一方经济成分的出资人所占比例的外商相对控股；或者虽不大于其他经济成分，但根据协议规定拥有企业实际控制权的外商协议控股。

（6）其他：除上述五类以外的企业控股情况。

3.隶属关系：指本单位隶属于哪一级行政管理单位。分为：中央、地方和其他。中央与地方双重领导的单位，以领导为主的一方来划分中央属或地方属。